Avant-propos

Au premier abord, il semble plus difficile pour un Québécois de définir son rapport à la France qu'au Canada, aux États-Unis ou à l'Angleterre. Est-ce la complexité des liens, nécessairement dissymétriques, souvent ambigus, mais toujours présents, qui les rendent si fuyants, si intangibles ? Ou est-ce autre chose ? La France, si près et si lointaine, est-elle désirée par la mémoire de liens riches et indélébiles ou rejetée par le regret qu'en cause l'irrémédiable perte ? Le rapport des Québécois à la France est-il marqué par la distance ou par la proximité ? Je ne risque pas de m'égarer très loin en affirmant qu'il s'agit des deux à la fois.

Nos ancêtres ont quitté la France pour se débarrasser des contraintes sociales, politiques et, on le sait maintenant, souvent religieuses. Ils ont adopté ce pays et s'y sont laissé adopter. Des transferts culturels, des échanges de femmes et d'enfants ont scellé bien des choses avec les Amérindiens, alliés de nos familles. Si la France pouvait se glorifier de quelque entreprise coloniale, ce serait sans aucun doute l'aventure américaine qui mériterait ses plus beaux fleurons. Seule puissance en Amérique à tisser des alliances avec les autochtones plutôt qu'à les combattre, en contrepartie, la France a vite perdu ses enfants au profit d'un nouveau continent et d'une famille à établir. Le Traité de Paris ne faisait que confirmer une réalité déjà bien ancrée : les Canadiens, *laissés à leur sort, n'étaient déjà plus des Français. Ils conserveraient cependant, de leur origine européenne, une langue chérie et défendue, une langue appropriée, modifiée, vivante, qui les disent autant qu'ils la parlent. Avec elle, ils poursuivent la découverte de l'Amérique, sillonnent les rivières, bâtissent des villes, nomment des lieux. Les Américains et les Anglais les confondent souvent avec les autochtones : ils sont ensauvagés depuis plusieurs lustres déjà. La Conquête est à la fois rupture et continuité. Les quelques Français égarés au pays sont retournés chez eux. Ruinée, la bourgeoisie canadienne marie ses filles aux officiers anglais et redémarre ses échanges commerciaux avec les Américains ; les alliances politiques avec les autochtones sont respectées par les nouveaux dirigeants ; les agriculteurs se retranchent sur leurs terres avec les curés ; péniblement, une élite intellectuelle se met en place. Parmi les groupes distincts et fracturés qui se réajustent tant bien que mal au nouveau contexte politique, certains auraient préféré mûrir sous le drapeau français, mais pour les autres, la vie en Amérique porte peu au regret. Est-ce pour cela que la devise du Québec,* Je me souviens, *est si absente des mémoires québécoises ? Qui se souvient d'être « né sous le lys et d'avoir grandi sous la rose » ? Est-ce pour cela que d'aucuns cherchent à retrouver l'image familière d'une France maternelle alors que d'autres, Américains de naissance et de choix, préfèrent leurs espaces au confluent des vents européens et états-uniens ? Est-ce pour cela enfin que les images de la France oscillent entre la lumière la plus éclatante et la plus morne grisaille ? La France monarchique religieuse s'oppose à la France républicaine et laïque, la France classique, intellectuelle et artistique à la France profonde, la France à aimer à la France à défendre.*

Nos ancêtres avaient abandonné la misère pour une terre d'opportunités. Ils sont nés avec la modernité, dans la démocratie. Ce mouvement migratoire vers de meilleurs cieux se produit encore aujourd'hui. Nos enfants, issus d'une postmodernité encore à la recherche d'elle-même, redécouvrent des rives américaines une France enfin contemporaine, européenne, internationale. Ils risquent d'y trouver un langage commun.

ROLAND ARPIN
Directeur général,
Musée de la civilisation

Mon pays ce n'est pas un pays c'est l'hiver
Mon jardin ce n'est pas un jardin c'est la plaine
Mon chemin ce n'est pas un chemin c'est la neige
Mon pays ce n'est pas un pays c'est l'hiver

Dans la blanche cérémonie
Où la neige au vent se marie
Dans ce pays de poudrerie
Mon père a fait bâtir maison
Et je m'en vais être fidèle
À sa manière à son modèle
La chambre d'amis sera telle
Qu'on viendra des autres saisons
Pour se bâtir à côté d'elle...

(Gilles Vigneault, 1964)

Et si les images qui viennent à l'esprit de la plupart des Français, à l'évocation du Québec, étaient justement celles que chantent les Québécois eux-mêmes? L'hiver, le vent, la neige, les paysages immenses, la maison hospitalière, l'amitié, la tradition... Tout y est, ou presque, y compris cette langue cultivée comme un champ un peu ingrat mais qui est le vôtre et donne des fruits plus savoureux parce que vous le tenez de vos aïeux; cette langue brandie comme un signe de reconnaissance entre soi, comme un drapeau – on ne passe pas! – face à la vaste Amérique « anglaise », comme un reproche – nous gardons mémoire – vis-à-vis des «maudits Français», coupables d'avoir abandonné, avec les fameux quelques arpents de neige, leurs cousins d'Amérique.

Je suis l'un des (très nombreux) Français à avoir eu la chance de traverser tôt l'Atlantique pour découvrir le Québec grâce à l'Office franco-québécois pour la jeunesse (OFQJ). La tête pleine de références historiques et littéraires qui avaient nourri mon enfance – inévitables et tellement caricaturaux Dernier des Mohicans, Maria Chapdelaine, *sans compter les livres d'histoire où Cartier et Champlain étaient les héros de mes aventures imaginaires – j'ai atterri, comme tout le monde, au milieu des gratte-ciel de Montréal, parmi des Américains. Certes, les Américains en question parlaient français, et de là venait la méprise; mais ils raisonnaient et vivaient très différemment de nous, assez loin de l'idée que je me faisais des cousins de Nouvelle-France. Le français, ils le parlaient, et même avec de beaux vieux mots que nous avions oubliés, mais ils y avaient ajouté tout un vocabulaire inspiré par leur terre, par les Amérindiens qui leur avaient appris la nature de là-bas, et par leurs voisins anglophones.*

Depuis, les occasions de retourner au Québec n'ont pas manqué. L'accoutumance n'a en rien émoussé mon bonheur de retrouver lieux et gens, mais j'ai progressivement mieux compris combien la diversité est vitale, combien elle mérite d'être défendue. Non par esprit de clocher, par refus de l'altérité, mais au contraire par souci d'universalité, par amour de toutes les différences, seules créatives. J'ai aussi compris ce que la logique des États, quand elle couvre de sa froide efficacité, sous couvert d'intérêt général, des décisions néfastes, peut produire de conséquences durables dans la mentalité des peuples.

Aujourd'hui, l'image du Québec change rapidement, en même temps que la Belle Province elle-même. «Révolution tranquille», sens de l'entreprise, nouvelles technologies, le Québec ose le monde. Nous, muséologues, cherchons modèle dans le Musée de la civilisation au Québec pour tenter de rajeunir nos institutions défraîchies, où les fenêtres ont du mal à s'ouvrir pour laisser passer le souffle de la modernité. La littérature, les arts plastiques, la musique et la chanson, québécois toujours, s'universalisent. Si l'image du trappeur reste prégnante, si les attraits d'une nature puissante, disparue de l'Europe depuis bien longtemps, sont de mieux en mieux appréciés grâce à un tourisme qui s'en nourrit, les Français ont bien d'autres références. Les avions qui éteignent les incendies de forêt en Provence sont fabriqués au Québec, et c'est aussi du Québec que nous arrivent les succès de... Céline Dion! Jusqu'à Notre-Dame de Paris, *dont personne n'ignore que, revisitant le grand Victor Hugo, c'est le Québécois Luc Plamondon qui l'a composée.*

Je ne sais pas si l'image de la France et des Français change au Québec. Quelques paroles prononcées un jour au balcon de l'hôtel de ville de Montréal, la mise en place d'un Office bilatéral – le seul qui existe en France avec l'Office franco-allemand pour la jeunesse, preuve d'une attention prioritaire – et des relations culturelles et universitaires privilégiées ont certainement porté leurs fruits. Les Français sont de plus en plus nombreux à venir en vacances au Québec, mais sont-ils pour cela mieux appréciés, et leur conscience de l'originalité québécoise a-t-elle évolué? Il serait intéressant – peut-être le ferons-nous – de mieux étudier, par de véritables enquêtes sociologiques, ces regards croisés. Le présent livre et l'exposition que nos deux musées ont préparés ensemble dans le cadre du «Printemps du Québec en France», Images et mirages, *pourront-ils contribuer à une meilleure compréhension mutuelle et à une plus ardente défense de nos communes diversités, gages de fécondité? C'est ce que je souhaite ardemment.*

MICHEL COLARDELLE
Conservateur général,
directeur du MNATP-CEF

Introduction

Décrire la rencontre entre deux sociétés comporte de nombreux défis. Nous traitons à la fois de faits objectifs et de perceptions, de données et de sentiments. D'autant plus qu'il ne s'agit pas là d'une rencontre passagère mais d'une longue fréquentation entrecoupée d'absences. D'autant plus que le nous s'est d'abord confondu avec le eux. D'autant plus que ce nous et que ce eux ne sont pas univoques et que les regards ne sont jamais neutres.

Le dialogue France / Québec ne se réduira jamais à une exposition ou à une publication. Celles-ci doivent demeurer des moments de réflexion et de synthèse, des lieux où des pistes sont dégagées, où des moments de vérité permettent de renouveler le regard et le discours. Il est impossible de tout dire en ce domaine. Il faut à la fois illustrer et proposer, à la fois décrire et suggérer. L'importance des points de vue n'est plus à démontrer. Il ne saurait être question ici d'affirmer un seul propos. Le dialogue, c'est d'abord entendre la voix de l'autre, écouter sa version de l'histoire.

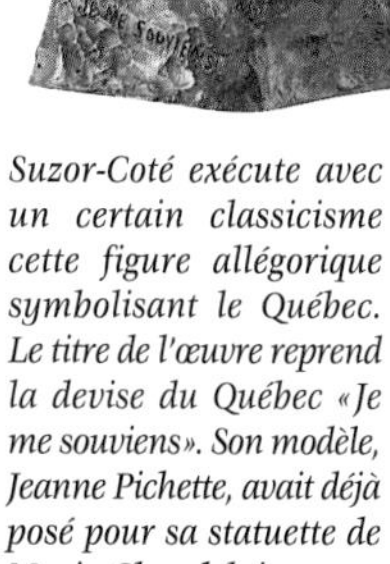

Suzor-Coté exécute avec un certain classicisme cette figure allégorique symbolisant le Québec. Le titre de l'œuvre reprend la devise du Québec «Je me souviens». Son modèle, Jeanne Pichette, avait déjà posé pour sa statuette de Maria Chapdelaine.

MARC-AURÈLE DE FOY SUZOR-COTÉ. JE ME SOUVIENS, *1926.*
Bronze. 45,2 x 21,7 x 22,9 cm.
Musée du Québec.
Photo : Patrick Altman

Nos deux sociétés ont évolué différemment. L'une est en Europe ; l'autre est en Amérique. Mais nos histoires de vie ne sont pas indifférentes. On ne peut faire abstraction de son passé ; le Québec est né de la Nouvelle-France. Tout comme on ne peut envisager nos développements et nos avenirs sans partenariat et échanges. Nous sommes les uns et les autres au cœur de la francophonie.

Le 6 mai 1986, le Musée des monuments français à Paris présente une nouvelle «Marianne», symbole de la République française. Ce buste est à l'image de la comédienne Catherine Deneuve.

BUSTE DE CATHERINE DENEUVE EN MARIANNE.
Gamma/PonoPresse Internationale.
Photo : Alexis Duclos

Au moment où le débat sur la mondialisation fait couler beaucoup d'encre, il est normal que deux musées s'intéressent aux questions d'échanges interculturels, aux images et aux mirages. Les musées sont des lieux de mémoire et de réflexion, des lieux de synthèse et de découverte. Offrir à nos visiteurs le contact avec des objets phares, des objets témoins, des objets symboles, bref avec la réalité concrète des uns et des autres demeure un objectif prioritaire. Offrir une lecture de nos mondes et laisser percevoir les rapprochements et les distances, les amours et les incompréhensions, les silences et les échanges, voilà notre ambition.

Les thèmes de l'ouvrage

Le présent ouvrage mise sur plusieurs niveaux de discours : celui des questionnements globaux et des synthèses, comme des expériences concrètes et des expertises pointues. Il s'intéresse à l'interprétation du passé et à la compréhension du présent. Pour explorer la filiation, tant imaginaire que réelle, qui unit Français et Québécois, trois grandes thématiques ont été retenues et confiées à des auteurs français et québécois, selon leur spécialité : l'imaginaire, la langue, les aller-retour entre les deux cultures. Les textes ne s'interpellent pas, mais tous témoignent d'une manière ou d'une autre des liens qui se tissent, se relâchent et se retissent entre ces sociétés, parfois en dirigeant le regard cinq cents ans en arrière, parfois en le projetant tout au contraire en avant.

Le dialogue existe entre le Québec et la France. Sans doute est-il plus fort dans une direction que dans l'autre, on ne saurait en douter. Sans doute marque-t-il la différence plus encore que la ressemblance, là aussi la chose se confirmera. Mais la fascination perdure et ne loge pas toujours sous le même toit. Le Québec, sous l'impulsion de ses écrivains et de ses artistes, se tourne résolument vers la francophonie et plusieurs textes facilitent la compréhension de cette

Gilles Vigneault et Jim Corcoran lors du lancement d'une compilation des plus belles chansons de Louise Forestier à Paris, 1998.
Délégation générale du Québec à Paris. Photo : Bertrand Sylvain

dynamique. À leur lecture, on constate à quel point l'imaginaire pèse lourd autant dans les rapports à l'autre que dans la compréhension de soi ; comment la langue unit et divise ; combien les univers d'appartenance — le Vieux et le Nouveau Monde — modulent la création artistique. C'est ainsi que le présent ouvrage, sans négliger de nous rappeller la force d'attachement de la société québécoise à ses origines françaises, tente de souligner tout aussi bien l'aventure québécoise en France, tant dans le domaine du livre, de la chanson, du théâtre et des arts visuels, que de traiter de la plus récente actualité, celle des échanges littéraires et artistiques dans le cyberespace francophone.

Au fil des chapitres

Serait-ce par prudence que le livre traite d'abord d'imaginaire ? Sans doute. Le lecteur se retrouve d'emblée mis en garde. Deux auteurs – un anthropologue de culture québécoise, Serge Bouchard, et une ethnologue française, Marie-Pierre Bousquet – font valoir les méandres de nos imaginaires ; ceux-là mêmes par lesquels nos sociétés se connaissent, se méconnaissent et échangent. Serge Bouchard fait appel à sa propre imagination… Il questionne ce que les historiens lui ont dit de ses ancêtres. Car les historiens, dit-il, ont insisté sur leur attachement à la France et ils ont négligé de traiter de leur attachement au Nouveau Monde. On ne peut terminer la lecture de ce texte sans y avoir recueilli de nouvelles interrogations sur la construction de nos mémoires et sur l'histoire officielle.

Le second texte, qui traite de front la question de l'imaginaire et de la perception, propose un riche bilan des représentations dont les Amérindiens se sont vus tributaires. Les Amérindiens occupent une place prépondérante dans l'imaginaire des Français sur l'Amérique. Citations à l'appui, Marie-Pierre Bousquet démasque les stéréotypes dans lesquels se sont égarés les Européens et les colonisateurs à la suite de leur rencontre avec les premiers habitants du Nouveau Monde. Elle fait état de l'évolution des stéréotypes de l'« Indien », qui prévalent depuis cinq siècles, sans omettre d'illustrer en quoi ils demeurent motivés par différents pouvoirs et différents rêves utopistes. Aux premières images, façonnées par les grands explorateurs de l'Amérique, succèdent celles des philosophes de l'époque romantique, celles des entreprises missionnaires de l'époque de la Nouvelle-France, celles des nostalgiques « d'un passé révolu », qui sont aujourd'hui remplacées par des images au goût du jour, servant tantôt les intérêts de certains mouvements écologistes, tantôt ceux de la spiritualité nouvel âge, tantôt les besoins d'exotisme des Français, sinon tout simplement les intérêts de l'industrie touristique. Renseigné par toutes ces fausses images, au bout du compte, le lecteur court le risque de rester avec la question essentielle : « Qui sont les Amérindiens ? »

La Nouvelle-France du XVIIe siècle offre un cadre de vie tout nouveau. Elle influence l'imagination des illustrateurs qui présentent leur vision idyllique de l'Amérique et de l'Indien d'Amérique.

JEAN BAPTISTE LOUIS FRANQUELIN. VEUE DE QUÉBEC, *1699.*

Cartouche.

Musée de la civilisation, fonds d'archives du Séminaire de Québec, Z-12.
Photo : Pierre Soulard

La langue est l'un des fondements de l'identité culturelle. La Saint-Jean-Baptiste est la fête nationale des Québécois. Elle souligne également le jour le plus long de l'année. Dès 1638, nos ancêtres fêtaient l'arrivée du solstice d'été par des coups de canon et des feux d'artifices comme le veut la tradition française.

CHAR ALLÉGORIQUE LORS DU DÉFILÉ ANNUEL DE LA SAINT-JEAN-BAPTISTE, 1957.
Société Saint-Jean-Baptiste de Montréal

La seconde partie de l'ouvrage fait place à la délicate question de la langue. En ce vaste continent anglophone qu'est l'Amérique du Nord, s'il est un trait de la société québécoise qui ne peut être nié, c'est son fait français. Et pourtant, le parler français québécois se distingue du parler français de France. Tout voyageur qui descend de l'avion, à Charles-de-Gaulle comme à Dorval, en fera l'expérience immédiate. Quelles sont ces différences? Pourquoi se comprend-on quand même? Pour Stélio Farandjis, secrétaire général du Haut Conseil de la Francophonie, «[...] la francophonie est l'alliage exceptionnel de l'unité et de la différence». L'unité assure l'intercompréhension, alors que la différence est signe de richesse, d'innovation, de la remarquable capacité de la langue lorsqu'il s'agit de suivre et d'exprimer les mutations des sociétés.

La visite guidée du français du Québec, qui est offerte par Robert Vézina, explique ces différences, les fait entendre et en retrace les origines. Son texte trace un parcours des influences historiques dont le parler français québécois est tributaire. Et comme le dit si bien ici Claude Poirier: «Le Québécois n'est plus un Français. Sa langue traduit cette différence qui est inévitable.»

Les textes de la troisième partie explorent des réalités sectorielles de la vie culturelle québécoise et de sa réception en France: les arts visuels, la littérature, la chanson et le théâtre. Dans un effort de synthèse mais en retraçant les origines françaises des beaux-arts au Québec, l'historien de l'art Laurier Lacroix interprète la longue transformation de l'art en terre d'Amérique.

Tous les autres textes de ce chapitre traitent d'un espace-temps rapproché qui se situe dans les cinquante dernières années. La chanson française a certainement des liens étroits avec le public québécois, mais l'inverse est-il aussi vrai ? De Félix Leclerc à Céline Dion, Philippe Luez, conservateur au ministère de la Culture, en France, s'intéresse à l'évolution du jugement français sur le répertoire québécois. Il retrace les chanteurs et chanteuses du Québec, leurs styles, leurs itinéraires, les lieux et les imprésarios qui marquèrent leurs carrières ; il évoque les modes et les tendances de l'industrie, pour enfin s'interroger sur la nature des rapports entre la France et le Québec dans l'arène du star-system international qui prévaut actuellement.

Cette œuvre, produite dans la colonie, est attribuée à sœur Maufils. Cette religieuse a peint sur ce coffret des paysages de l'époque. Les artistes signaient rarement leurs œuvres et leur formation n'était pas suffisamment poussée pour leur permettre d'acquérir une manière propre.

MÈRE MARIE-MADELEINE MAUFILS DE ST-LOUIS.
Coffret en bois, 1696.
Musée des Augustines de L'Hôtel-Dieu de Québec. Photo : Jacques Lessard

Quant au cheminement de la littérature québécoise, Yannick Resch, chercheure au Centre Saint-Laurent, de l'Université d'Aix en Provence, nous propose ici un riche aperçu de son itinéraire à travers les milieux universitaires français, notamment depuis les années 1970. Ses analyses portent sur plusieurs aspects de cette littérature qu'elle juge tributaires de la fascination qu'ont les étudiants français pour elle.

On doit à la Québécoise Marie Ouellet, créatrice, auteure et interprète, l'arpentage du terrain du théâtre québécois en France, avec ses auteurs et ses pièces, à Paris comme en région. On lui doit également la cueillette des appréciations et des analyses de plusieurs experts français du théâtre. Là aussi se marque la différence, la nord-américanité des manières différentes de faire le théâtre. Intitulé *Capteurs de rêve,* son texte souligne l'attrait profond qu'exerce la France pour de nombreux dramaturges du Québec.

Vincent Goethals créera en février 1999 «Le pont de pierres et la peau d'images» *de Daniel Danis, et en mars 2000* «Les mains d'Edwige au moment de la naissance» *de Wajdi Mouawad qui concluera sa trilogie québécoise.*

MICHEL MARC BOUCHARD. LE CHEMIN DES PASSES DANGEREUSES, *1998.*
Mise en scène : Vincent Goethals. Chorégraphie : Cyril Viallon. Composition et interprétation : Albert Tovi. Création Théâtre en Scène - coproduction Hippodrome Scène Nationale de Douai. Théâtre en Scène.
Photo : Éric Legrand

Pour terminer l'ouvrage, une quatrième partie est consacrée aux nouvelles technologies. Cette section permet de montrer l'envergure atteinte par des projets qu'ont menés conjointement des créateurs de France et du Québec. C'est Hervé Fischer, coprésident et directeur de la Cité des arts et des nouvelles technologies de Montréal, témoin et promoteur de la première heure en matière de technologies nouvelles et de création artistique, qui fait le point sur ces projets. Il énonce aussi sa foi dans le pouvoir d'échange du cyberespace ainsi que l'opportunité qu'il voit s'offrir aux Québécois de consolider l'espace francophone si vital pour eux.

En marge de ces textes d'analyse, s'ajoutent des extraits d'entrevues réalisées pour le projet d'exposition. Des personnalités françaises et québécoises, habituées à voyager de part et d'autre de l'Atlantique, livrent leurs impressions spontanées : Jean-Marie Borzeix et Benoîte Groult, de France ; Gérard Bouchard, Denise Bombardier et Claude Poirier, du Québec.

L'exploration de tous ces domaines, à la lumière de leur vitalité actuelle, révèle un nouvel état de choses, celui de l'incontournable mondialisation et celui de la solidarité souhaitée du monde de la francophonie. C'est la mutation du monde ; c'est la mutation des échanges qui sont en question ici.

Enfin, comment ne pas souligner l'abondante iconographie qui anime les textes, ne serait-ce que pour signifier la charge de complexité et d'émotivité qu'elle contient, offrant à son tour plusieurs occasions de voyages dans le temps et dans l'imaginaire.

Luc Courchesne. Paysage n° 1. Panorama vidéo interactif. Réalisé en 1997 à l'aide du NTT INtercommunication Centre, Tokyo
Source : Luc Courchesne

Produite par Paris-Québec, une régionale de l'association France-Québec, cette exposition philatélique, intitulée Le Québec de Jacques Cartier à nos jours (1534-1997), *retraçait les grands moments de l'histoire québécoise. Elle désirait faire connaître et aimer le Québec.*

ILLUSTRATION RAYMOND PAGÈS.

Carte postale, 1997.

Source : Paris-Québec

Les textes de cette publication auraient pu se multiplier, donnant autant à voir et à découvrir. Le lecteur y trouvera sans doute comme nous le plaisir d'entendre et de partager, la passion et le respect des uns et des autres, de nous et d'eux si semblables et si différents.

MICHEL CÔTÉ

Directeur
Direction des expositions
et des relations internationales,
Musée de la civilisation

Première partie

L'imaginaire

Toutes ces France dans nos têtes

Serge Bouchard

Images du Québec

Marie-Pierre Bousquet

Les voies de l'imaginaire sont impénétrables. Chacun exprime, dans sa conception des pays lointains, sa propre perception du monde. Fantaisie, exotisme et romantisme sont souvent présents.

Du Flos sculp. Histoire des Yncas du Pérou.
Gravure tirée de Jean-Frédéric Bernard, *Histoire des Incas, rois du Pérou*, Amsterdam, 1727.
Musée de la civilisation, bibliothèque du Séminaire de Québec, fonds ancien, 26.6.
Photo : Jacques Lessard

1 Toutes ces France dans nos têtes

Serge Bouchard

Une France qui n'existe pas

D'un pays que l'on imagine, que voulons-nous vraiment savoir? La rêverie n'a cure des faits et la grammaire des images n'est pas la grammaire du vrai. L'imaginaire est un royaume aussi riche qu'obscur, il se situe en des contrées de nous qui sont profondément cachées, comme enfoui dans une sorte de for intérieur dont nous savons peu de chose. L'imaginaire se terre, allez savoir pourquoi. Lointain, souterrain mais combien efficace, son influence est aussi immense que sa nature est énigmatique. Il motive plus que la raison. Et ce sont sa mystérieuse familiarité, son étrange intimité, sa puissance d'évocation qui le rendent si nécessaire à notre humanité. Sans imaginaire, nous ne serions pas humains.

La France imaginée sera donc une France qui n'existe pas, comme tout ce qui est le «fruit de notre imagination». Mais qui saurait vivre sans ses images? De la France, de l'Afrique, du Pérou, de l'Australie ou de la Mongolie? L'esprit pratique ne sert de rien à celui qui veut embrasser le monde. Il n'existe pas de guide pratique des voyages imaginaires.

Cette œuvre de Claude François, dit frère Luc, peintre professionnel formé à Paris et à Rome, illustre bien l'idéologie dominante. Une France catholique venue évangéliser les indigènes.

Frère Luc. La France apportant la foi aux Hurons de Nouvelle-France, *vers 1670.*
Huile sur toile. 227 x 227 cm.
Collection des Ursulines de Québec. Photo: Patrick Altman

Cette messe en plein air dans un décor d'arbres tropicaux est peu réaliste si l'on pense aux rigueurs du climat de la nouvelle colonie. Cette iconographie imaginaire reflète une autre Amérique, celle du rêve des philosophes et des écrivains qui, à partir d'une certaine idée de l'Amérique, contemporaine à leur culture, offre une vision idéale symbolisée dans la représentation de l'Indien.

P. Blanchard. La Première Messe en Amérique, *XIX*[e] *siècle.*

AB. graveur. Collection des Ursulines de Québec

Pourtant, c'est bel et bien lui, l'imaginaire, qui dessine les paysages qui nous tiennent le plus à cœur; il écrit les mots de nos ultimes valeurs, il fonde l'effet poétique, il gouverne nos plus tenaces rapports au monde.

Il faudrait faire le tour des têtes, de bien des têtes, celles de la grande lignée des morts et de l'interminable cohorte des vivants, pour seulement prétendre à un portrait. Et encore, ce tableau serait si complexe, si subtil, si fuyant que personne ne le saisirait vraiment. La France de l'un, le rêve de l'autre, la déception et l'aspiration, l'amertume historique et le jeu des fausses identités, voilà la physique de cette matière intangible, à proprement parler invisible, qu'est notre imaginaire.

La qualité de ses mensonges

Les frontières entre l'individu et le collectif se perdent à jamais dans le flou de notre créativité. L'imaginaire ne respecte ni le temps ni l'espace. Il n'a ni queue ni tête. Chacun a le sien, mais le sens commun appartient à tout le monde. D'ailleurs, le monde, nous l'inventons, comme nous inventons la sémantique générale des mots et des bruits qui peuplent de sens nos univers a priori insignifiants. Nous sommes responsables de ces inventions comme nous sommes responsables du trésor accumulé depuis des siècles. Ce trésor est un noyau et ce noyau notre culture.

Comment faire l'inventaire de nos rêves, de nos cauchemars, de nos rêveries et de nos songes? Cela représente une impossibilité systématique. Les histoires inventées n'ont ni fin ni début. Dépités devant une pareille richesse, devant cette profondeur, devant ce foisonnement et cette luxuriance, les esprits rationnels rejettent le tout à l'enseigne de la folie. Ils ne retiennent que l'apparent et de cet apparent ils se forment des dogmes. Simplifications abusives qui servent bien le propos des intellectuels aux idées fixes. Les voies de l'imaginaire sont impénétrables. Combien d'idéologues ont tenté et tentent à tous les

Cartier sera le premier à apporter le lys de France en Amérique. Il a conduit ses navires à la découverte de terres nouvelles et a ouvert des perspectives sur les ressources renfermées dans le pays. Dans ses Relations de voyages, les comparaisons qu'il fait entre la Nouvelle-France et le Brésil laissent croire qu'il aurait visité cette contrée.

P. GANDON. JACQUES CARTIER, *1934.*

Gravure. Archives nationales du Québec à Québec

jours de s'en faire une méthode ! Cependant, il n'est pas de recettes, de formules magiques. Nous nous représentons le monde avant de le concevoir et nos concepts sont tributaires de nos visions. C'est pour constamment confondre ces deux registres que les fabricants de vérités sont tous des colosses aux pieds d'argile. Nous avons l'imagination que nous pouvons. À défaut de vérités éternelles, il est sain de choisir ses mensonges.

Les constructions imaginaires

L'anglomanie française du XVIIIe siècle relève de l'imaginaire d'un Voltaire. Le phénomène avait un rapport éloigné avec la vérité de l'Angleterre, il a suffi au philosophe d'enrober le sujet, avant de l'imposer d'autorité. Pierre le Grand a inventé une Russie selon l'image qu'il se faisait du monde. Il a emprunté à la France un reflet de Colbert, il s'est fabriqué une mer, ces plans se sont gravés dans l'architecture de la matière et des idées ; cela donna Saint-Pétersbourg. Bref, nos idées sont d'abord des images. Aux impulsions originales de la transformation de notre identité, nous carburons plus à la représentation du monde qu'à sa conception.

Le grand philosophe français, né en 1694, s'exila à Londres de 1726 à 1729 et considéra dès lors l'Angleterre comme le pays de la liberté. Il dénonça la « folie des conquêtes ». À son décès, un certain nombre de ses admirateurs montréalais fondent L'Académie de Montréal. Elle regroupait des personnes intéressées à échanger sur la littérature, les beaux-arts et les sciences.

REPRÉSENTATION DE VOLTAIRE. Illustration tirée de Édouard Fournier, *Théâtre complet de Voltaire*, Laplace, Sanchez, Paris, 1874. Musée de la civilisation, bibliothèque du Séminaire de Québec, fonds ancien, 599.2. Photo : Jacques Lessard

Sur le monde, nous nous faisons des idées. Quand ces idées sont obsessives, caricaturales, elles en viennent à s'imposer en un lieu et une époque. Elles modèlent la vie. À ce compte, les images valent plus que tout le reste. Ce qui revient à dire que nous aurions avantage à les bien choisir et à cultiver leur qualité. L'enjeu est de taille puisqu'il s'agit de la construction de notre identité.

Être ou ne pas être des sauvages

La France dans l'imaginaire québécois est un bien gros sujet, un morceau, un chapitre ouvert et interminable. Nous y avons fondé beaucoup d'espoir et de désespoir. Ces tribulations illustrent brillamment nos failles identitaires. Bien sûr, les ancêtres en venaient. Cela, déjà, constitue une bonne raison d'imaginer une filière gauloise. Les débuts affichent un air de fondation, ils se transforment avec le temps et deviennent un authentique mythe d'origine. Tout s'est construit à partir d'un jeu imaginaire où les identités ont reçu des étiquettes particulières.

Au milieu du XIXe siècle, on assiste à une vague de revalorisation des héros de la Nouvelle-France. François-Xavier Berlinguet réalise cette statue de Jacques Cartier en s'inspirant du portrait imaginaire du héros peint par Théophile Hamel en 1847, d'après l'œuvre de François Riss.

François-Xavier Berlinguet, Jacques Cartier, *vers 1863.*
Sculpture en bois polychrome.
204,3 x 86 x 63 cm.
Musée du Québec. Photo: Patrick Altman

Les Indiens eux-mêmes devinrent des Indiens à cause de la vision du monde de Christophe Colomb. Quarante-deux ans plus tard, sur le Saint-Laurent, Jacques Cartier les appellera des Canadiens. Le temps d'une génération et les premiers habitants de l'Amérique deviendront vite des Sauvages, cédant sans le savoir le titre de «Canadiens» aux Français installés à demeure. L'époque était aux alliances, à la découverte et à la liberté; ces Canadiens d'origine française s'ensauvageront à qui mieux mieux.

Nos historiens ont vite fait de glorifier l'origine française de ces premiers Canadiens français. Nos historiens méritent à peu près tous ce reproche, celui d'avoir ignoré les réalités historiques autochtones. À force de croire que les Indiens étaient sans histoire, personne ne l'a apprise, leur histoire, qui est aussi la nôtre, et les relations de nos ancêtres avec les premiers habitants de ce pays furent définitivement occultées. Or nos ancêtres avaient davantage les yeux tournés vers les territoires qu'ils avaient devant eux que sur la France qu'ils venaient de quitter. Mais ces images se sont perdues à défaut de les avoir respectées.

Ce que j'ai à en dire n'a pas plus de valeur que le discours de celui qui soutiendrait le contraire. Car il me faut imaginer ce que d'autres ont imaginé. Il me faut imaginer que les petites gens qui furent mes très anciens aïeux n'eurent pas trop de regrets en regard de la France qu'ils connaissaient. On préfère souvent la dureté de la Nature à la dureté des Hommes. Ces anciens quittaient une France brutale, ravagée par une histoire sociale qui écrasait les petits, dont la loi et les impôts étaient profondément injustes. Ce monde était fondé sur l'inégalité des droits. Le bois, les animaux, la terre, tout était sujet à restriction. Dans la vallée du Saint-Laurent, les immigrants ont certes trouvé le climat inhumain, mais leur chance était là.

Sous le Régime français, «porter girouette» est réservé au clocher des églises, aux bâtiments des seigneurs, des communautés religieuses et des administrateurs, à la manière de la Vieille France dont le coq gaulois est l'emblème.

Coqs de clocher.
Musée de la civilisation, 51-2 et 69-219.
Photo: Alain Vézina

En 1639, les Augustines hospitalières partent pour le Canada. Elles apportent dans leurs bagages cette chape qui leur avait été offerte par Anne d'Autriche, mère de Louis XIV. *Elle illustre bien le lien existant entre la monarchie et l'Église catholique.*

CHAPE. FRANCE, XVIIe SIÈCLE.
Brocard de soie. 145 x 450 cm.
Musée de la civilisation, dépôt du Séminaire de Québec, 1994.37630

Louis Fréchette visita la France et fut reçu par Victor Hugo. Son livre Fleurs boréales *a été couronné par le prix Montyon de l'Académie française. Cet écrivain québécois, dans son épopée nationale* La Légende d'un peuple, *parue à Paris en 1887, montre sa fidélité à l'héritage français qui se perpétue non seulement au Québec mais dans toute l'Amérique.*

LOUIS FRÉCHETTE (1839-1908).
Archives nationales du Québec à Québec

Tout et son contraire

Toutefois, la question reste ouverte: si nous connaissons bien les obsessions de nos élites du fait qu'elles colligèrent leurs angoisses dans des écrits célèbres, nous ne savons rien de ce que pensaient les «Canadiens» aux différents moments cruciaux de leur histoire. L'espace américain était trop séduisant pour que ses habitants puissent véritablement souscrire à toutes les gloires de la France. Je soupçonne que la France n'a jamais été la première référence de ces anciens Canadiens. À l'opposé, une certaine élite a toujours été relativement claire dans ses rapports imaginaires à la France. Il y a la culture, il y a la langue, l'origine et l'histoire. Tant qu'à se choisir une mère, choisissons-en une qui ait de l'envergure. Mais pour se montrer bon enfant et pour que mère nous reconnaisse, il fallait cacher ses manières, changer son langage trop gras, dorer son portrait.

La société fut donc rigoureusement divisée: d'un côté la France, devant laquelle il fallait se montrer très français ou très canadiens, de l'autre l'Amérique, mais une Amérique compliquée, une Amérique à nous, donc française, parfois britannique, canadienne, parfois américaine, mais française. Sans parler des fantômes métis. On ne peut pas ne pas s'y perdre. Nous avons entremêlé tant de nostalgies.

Les représentations étaient nombreuses auxquelles chaque courant pouvait s'alimenter. La religion catholique déifiait la vieille France. Il fallait protéger la pureté de notre différence. Là aussi, à l'instar des intellectuels plus libéraux, la culture française donnait de l'envergure à notre identité précaire et le clergé fut très classique.

Fondée au XVIIe siècle, la colonie française était de confession catholique. Après être passée sous la Couronne anglaise, les francophones sont restés très liés à la religion catholique. Langue et religion ont été pendant longtemps associées au même combat.

CROIX DE CLOCHER.
Musée de la civilisation, 60-56 et 77-424. Photo : Alain Vézina

Les élèves de plusieurs générations ont étudié dans les volumes de la collection littéraire Lagarde et Michard. Les nombreuses illustrations de ces livres soulignent la parenté entre littérature et beaux-arts et jouent le rôle d'une sorte de musée imaginaire.

André Lagarde, Laurent Michard. *XVI*[e] *siècle, les grands auteurs français du programme Anthologie et histoire littéraire.* Collection littéraire Lagarde et Michard, Bordas, Paris, 1985

Ce panneau illustre la France victorieuse, couronnée de lauriers et parée de l'hermine royale, jouant le rôle d'aînée d'une jeune Amérique.

École française. La France soutenant l'Amérique, *XIXe siècle.*
Huile sur panneau. 44 x 22 cm.
Musée du Nouveau Monde, La Rochelle

La littérature française s'avéra bonne compagne. Les philosophes, les artistes, tout était familier à quiconque étudiait dans des manuels français. Nous adoptions surtout la vision européenne de l'histoire, version française. Encore aujourd'hui, ils sont trop nombreux les historiens québécois à penser que les Grands Lacs n'ont pas la profondeur de la Méditerranée.

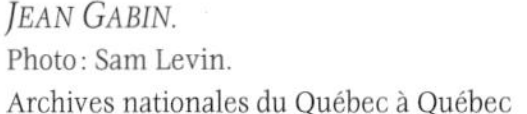

Jean Gabin.
Photo : Sam Levin.
Archives nationales du Québec à Québec

Fernandel.
Photo : Sam Levin.
Archives nationales du Québec à Québec

Le tout vieux et le tout neuf

En 1955, j'avais l'âge de raison. J'entendais mes parents parler des « vieux pays ». La France était première parmi ceux-là. Dire d'un pays qu'il est « vieux » ouvre déjà un vaste champ imaginaire. Il s'agit d'une expression ambiguë. Il faut aimer les vieux mais personne ne désire l'être. Parler des vieux, avec tendresse ou autrement, c'est déjà exprimer sa jeunesse. S'il est des vieux pays, c'est qu'il en est des jeunes et c'est beau d'être jeune ! Je tiens pour vraisemblable que les Canadiens francais d'avant 1960, malgré deux siècles de conformisme catholique et de constructions idéalisées d'une France d'origine par les élites colonisées, cultivaient naturellement leur jeune identité nord-américaine et ne s'attardaient guère à leurs racines européennes. New York impressionnait plus mon père que Paris. Il se reconnaissait dans l'une mais pas tout à fait dans l'autre. Ce qui ne l'empêchait pas d'apprécier Gabin, dont il comprenait la langue, malgré le fort accent. Nos parents puisaient aux sources culturelles qui s'offraient à eux. De Bing Crosby à Édith Piaf, de Fernandel à Bogart, de Poe à Baudelaire, « dans la langue et dans le texte », ils jouissaient quand même d'un bel avantage.

La comédienne française Sarah Bernhardt se rendra à plusieurs reprises au Québec. À chaque fois, le public lui réservera un accueil triomphal. Les représentations se jouent à guichet fermé malgré leur condamnation explicite par le clergé.

SARAH BERNHARDT, VERS 1905.
Photo : B.N.K. Archives nationales du Québec à Québec

Des retrouvailles à la moderne

Puis vinrent les temps modernes, caractérisés par ce qui fut appelé la Révolution tranquille. Nous reprenions les mêmes débats. La France allait-elle servir à quelque chose dans la détermination de notre identité ? Allait-elle être notre premier soutien dans notre affirmation nationale ? La visite du général de Gaulle marqua l'imagination de ceux qui l'espéraient. Cependant, rien n'était sûr. Assistions-nous aux retrouvailles de l'enfant abandonné et de la mère indigne, allions-nous renouer avec celle qui nous avait jadis abandonnés

En 1967, lors de l'Exposition universelle qui se tient à Montréal, le président Charles de Gaulle en profite pour faire une visite d'amitié aux Québécois. Sa venue donnera un nouvel essor aux relations entre la France et le Québec.

CHARLES DE GAULLE LORS DU PARCOURS HISTORIQUE DU CHEMIN DU ROY, 1967.
Archives nationales du Québec à Québec. Photo : Jules Rochon

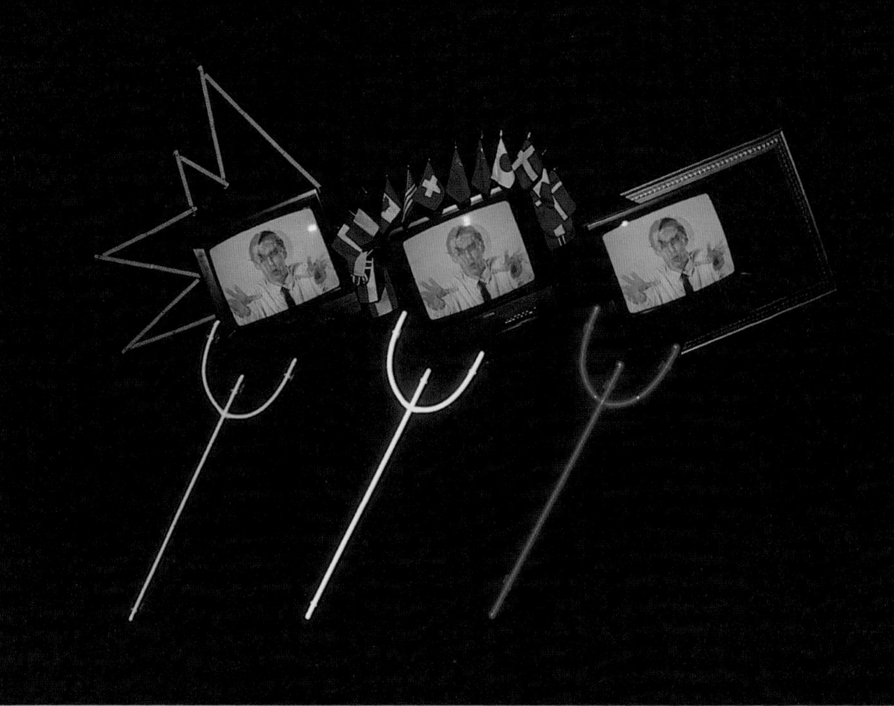

Cette œuvre virtuelle a été réalisée pour le Bicentenaire de la Révolution française. Le bleu, le blanc et le rouge, les trois couleurs nationales, ont été adoptées par les Français pour la cocarde de la Garde nationale, sur la proposition de La Fayette en 1789. Le drapeau tricolore est apparu le 24 octobre 1790 et n'a pris sa forme définitive qu'à partir de 1812.

PHILIPPE FERTRAY. BLEU, BLANC, ROUGE, *1989.*
Source : Hervé Fischer, *Images du futur*, Bicentenaire de la Révolution française, Cité des arts et des nouvelles technologies, Montréal

aux « griffes de l'Anglais » pour ensuite se glorifier d'avoir tant investi dans la guerre d'Indépendance des États-Unis ?

La Fayette passait à l'histoire et La Salle à l'oubli. Double gifle, en vérité, dans l'esprit de ceux qui adoptaient ces images du passé. Mais la toile de fond était la même. Une certaine élite, élevée dans le berceau classique des collèges catholiques, éprouvait toujours son déchirement identitaire. Après avoir été aussi catholique que le pape, il fallait être impeccablement français. La langue française, parlée par les « Français de France », fut décrétée langue supérieure, la culture le fut tout autant. Dans cet esprit, chaque Français avait la chance de venir au monde cultivé et intelligent. Comme tous les provinciaux, il fallait « monter à Paris » pour espérer entrer ne serait-ce qu'à la périphérie de la République des Lettres et des Arts. Sur le même ton, il apparaissait tout à fait normal qu'un Parisien accède d'office à nos chaires universitaires, comme dans tout bon scénario colonial.

S'il arrive encore aux Français d'imaginer que les Québécois vivent dans les bois, entourés d'Indiens, il arrive aussi aux Québecois de penser que tous les Français connaissent bien leur histoire, qu'ils récitent par cœur *La Légende des siècles.* Ce fut la glorification du pain français, des pâtisseries françaises, de la cerise de France. Et nous nous sommes émus à Paris de retrouver la trace de nos images : au café, sur les boulevards, nous en redemandions, du pain français et des fromages de France. Fumer une Gauloise vous donnait des idées. Tandis que fumer une Export "A" faisait de vous un ouvrier.

Le Café de Flore est un haut lieu littéraire depuis plus de trois quarts de siècle. Les ombres de Malraux, Camus, Prévert et les souvenirs de Jean-Paul Sartre et de Simone de Beauvoir, de Mouloudji et de Juliette Gréco hantent ce lieu.

Café de Flore, 6e arrondissement, Paris.
Collection privée

Mais d'autres, moins élitistes, ont cheminé sur la voie contraire. L'accent français est efféminé, les «maudits Français» connaissent tout, parlent sans arrêt, n'écoutent jamais et en imposent à tout le monde. Comment Johnny Halliday pourrait-il faire le poids devant Elvis Presley? Sans parler d'une France, encore une fois trop vieille, croulant sous le poids de son histoire, accusant un retard considérable sur la technologie et le confort moderne.

Le doublage des films américains en français de France a ravivé ce type de préjugés. L'américanité se traduit mal dans les *putains de merde,* ou dans la profusion des *bordels* et des *connasses,* ce qui entraînera des irritants qui perdurent encore aujourd'hui. Au Québec, le *putain* des Français n'a pas la force du *fuck* américain. Et que dire d'un Clint Eastwood entrant dans un *diner's* du Texas et qui commande un cassoulet!

Les châteaux de la Loire représentent la trame visible du lourd et riche passé de la France. Au moment où s'édifient ces demeures illustres, la cour de France est une des plus brillantes du monde.

CHÂTEAU DE CHEVERNY.
Collection privée

Humphrey Bogart.
Photo : Columbia Film.
Archives nationales du Québec à Québec

Elvis Presley.
Photo : *Photo-vedettes.*
Archives nationales du Québec à Québec

Pauline Julien a été parmi les premiers ambassadeurs du Québec auprès du public français. Sa carrière en France avait débuté dans les années 1950. Après son décès, en octobre 1998, Radio-Bleue lui a rendu hommage en diffusant une émission spéciale, en duplex avec Radio-Canada.

L'animatrice Christine Authier, Julos Beaucarne, Jean Dufour, Raymond Devos au studio 106 de la Maison de Radio-France lors d'une émission sur l'un des grands noms de la chanson québécoise, Pauline Julien.

Délégation générale du Québec à Paris. Photo : Bertrand Sylvain

Le repos du pendule

Il reste énormément de traces de ces déchirements et oppositions. Mais la faille identitaire se comble depuis une quarantaine d'années et la France, dans l'imaginaire québécois, tend à mieux se structurer. Cela devient un lieu, cela devient un champ privilégié. Comme il se doit, ce sont les créateurs qui ont ouvert la voie dans tous les domaines. Sachant mieux qui nous sommes, nous avons moins besoin d'en parler. Sachant mieux qui nous sommes, la France sera moins caricaturée, dans le blâme comme dans l'idolâtrie.

Reste surtout la langue. La littérature, le théâtre, le cinéma, la télévision des Français nous sont toujours accessibles. Quelle que soit notre entreprise, nous possédons une référence directe à un autre monde que le nôtre; nous sommes américains, comme chacun sait. S'ouvrir les oreilles et les yeux ne peut pas nuire à la santé. Notre identité s'affirmant mieux, elle entraîne moins de turbulences dans nos aspirations et nos discours. Cette situation est bien sûr recommandable universellement puisque toute culture profitera de son ouverture pourvu qu'elle soit bien dans sa peau.

Or il est vrai que, jusqu'à récemment, nos élites ont beaucoup craint pour leur peau au point de vouloir en changer. Dans cette panique prolongée, la France a longtemps joué le rôle du vaisseau amiral, mirage d'un berceau où la culture s'éclate sans que rien ne l'entrave. Bien que l'époque de la grande panique soit révolue, bien que notre identité s'affirme de plus en plus, malgré le fait que le réflexe du «colonisé» se

La fleur de lys était jadis le symbole du pouvoir de la monarchie en Europe. Elle est devenue symbole des origines françaises de la majorité de la population québécoise mais surtout de son combat pour la survivance.

FLEUR DE LYS. Gravure de Quebec Engraving Co. Archives nationales du Québec à Québec

Ce premier Congrès de la langue française fut un événement d'envergure qui fut couvert par la presse française. Il marquait le dixième anniversaire de fondation de la Société du parler français dont le but était la conservation et la défense de la langue française.

Carte postale souvenir du premier Congrès de la langue française en Amérique, 1912.
Collection privée

manifeste de moins en moins parmi les créateurs, certains s'étonnent encore de voir la France si insensible à sa propre situation dans le monde.

La tour Eiffel est le monument le plus visité de France.

Tour Eiffel, Paris.
Photo : Pauline Hamel

Là-bas, en France, la défense de sa langue et la promotion de sa culture sont perçues comme des actions rétrogrades dans une histoire qui se fait au coin de la mondialisation. Vue d'ici, la France tarde à se rendre compte et à jouer son rôle de chef de file. Elle n'en est qu'à ses premiers pas sur le long sentier de «l'exception culturelle». Là-dessus, le Québec français a quelque chose à montrer que personne ne regarde, du moins pas encore. Quiconque construit son identité «en français» à moins de cent kilomètres d'un pays nommé États-Unis sait ce qu'est «l'exception culturelle»!

Mais qu'à cela ne tienne, la route est dégagée. L'imaginaire s'ajuste, qui ne demande plus à la France ce qu'elle ne peut donner. Le fait de parler une langue très apparentée crée des liens, qu'on le veuille ou non. Mais ces liens ne sont ni magiques ni sacrés. La reconnaissance de ce fait repose l'esprit commun. Car pendant longtemps, la France, dans l'imaginaire québécois, a tenu une place anormale, conséquence néfaste d'une quête douloureuse. Cela, me semble-t-il, ne tient plus la route. Paris est encore plus belle, vue à tête reposée. L'appréciation de l'autre ne doit jamais passer par la dépréciation de soi.

Deux cultures

Gérard Bouchard

(Propos recueillis)

Gérard Bouchard est professeur à l'Université du Québec à Chicoutimi et directeur-fondateur du Centre SOREP, devenu en 1994 l'Institut interuniversitaire de recherches sur les populations (IREP).

GÉRARD BOUCHARD.
Vidéo interactif réalisé en 1999 par Luc Courchesne

Quelles sont, selon vous, les principales différences entre le Québec et la France ?

- La nature de nos relations sociales, qui demeurent plus souvent très informelles chez les Québécois.
- Le sens de la hiérarchie. On a toujours un peu de difficulté avec cela. Surtout lorsque vient le temps de manifester et d'épouser des signes extérieurs de la hiérarchie. Nous n'avons jamais été à l'aise avec ça.
- Le rapport à la civilisation matérielle. Notre rapport à la consommation, comme notre rapport à l'argent, est très différent. Ce côté ostentatoire que nous avons assimilé de l'environnement nord-américain me paraît assez différent de ce qu'il est en France, et ce, malgré les changements importants qui sont en cours du côté de la France et de l'Europe. Il subsiste là-bas une certaine discrétion.
- Nous ne sommes pas très à l'aise dans les formalités, dans les cérémonials qui entourent les premières rencontres avec des personnes.
- Je pense que les relations Québec-France se dirigent vers un cadre beaucoup plus intéressant qu'auparavant. C'est-à-dire que le Québec va parler à la France par sa fenêtre nord-américaine, et que la France va lui répondre par sa fenêtre européenne. Qu'est-ce que le Québec devient dans son avenir et dans son espace nord-américain ? Qu'est-ce que la France devient dans son environnement européen ? C'est là, je pense, qu'on aura des choses utiles à se dire mutuellement. Avec chacun ses propres références continentales.

Le mariage : illustration d'une différence

Sous le couvert d'une langue qu'on perçoit comme étant commune et à peu près semblable, se dissimulent et se déploient des cultures qui sont en fait très différentes. En ce qui concerne les rituels du mariage, durant la première moitié du XXe siècle, on s'est aperçu qu'en France les gens avaient davantage tendance à obéir aux mêmes modèles et aux mêmes rituels; qu'ils accomplissaient les mêmes rites aux mêmes moments et de la même façon. Tandis que ce qu'on a observé au Québec, c'est une grande variété dans la façon de faire, il n'existe pas de modèle auquel tout le monde se conforme. Il y en a peut-être dans les grandes lignes, mais chacun y apporte des variantes et des innovations. On ne s'attendait pas à ce que ce soit aussi diversifié.

Que pensez-vous de l'expression « cousin d'Amérique » ?

Un des traits du regard français, c'est de considérer le Québécois comme un cousin d'Amérique, comme un Français d'Amérique. Je pense que nous avons adhéré à cette représentation pendant une période assez longue, je dirais jusque dans les années 1940 et 1950. Mais depuis, il y a eu un glissement important qui s'est effectué du côté des Québécois. Ils se perçoivent de moins en moins comme des Français transposés en Amérique et ayant reproduit l'héritage français, ayant maintenu les traits, les caractéristiques françaises. Ils se perçoivent de plus en plus comme des francophones nord-américains : avec les traits, le genre de vie nord-américain mais parlant français.

2 Images du Québec

Marie-Pierre Bousquet

Le Québec pour les Français

Une des premières destinations étrangères des Français, que ce soit pour effectuer un séjour touristique ou trouver un travail, est le Canada et surtout le Québec[1]. L'intérêt pour «les cousins d'Amérique», à la fois si proches et si lointains, ne réside pas seulement dans le partage d'une langue et d'un passé communs. La Belle Province évoque en effet pour eux un certain nombre d'images, comme celle des grands espaces et des lacs, des cabanes en bois rond et des bûcherons en veste à carreaux, des traîneaux à chiens, des automnes flamboyants, suivis de longs hivers enneigés et rigoureux, du sirop d'érable et des Indiens. Ces derniers occupent une place particulière dans l'imaginaire des Français, car l'Amérique du Nord est liée, dans leur esprit, à ces fameux «Peaux-Rouges». Ainsi, le circuit touristique type, façonné pour ce public ciblé, passe par les chutes du Niagara, la visite de Montréal et de Québec, le Village-des-Hurons, Tadoussac et ses baleines, et les boutiques d'artisanat autochtone. L'exotisme est à son comble quand ce circuit

Le nouveau continent est personnifié par une femme parée d'attributs et accompagnée d'animaux caractéristiques du continent. Cette œuvre de facture néo-classique évoque Diane la chasseresse dans une attitude purement romantique. Ses armes sont un arc et des flèches.

École française. Allégorie de l'Amérique, *début XIXe siècle.*
Huile sur toile. 187 x 83 cm.
Musée du Nouveau Monde, La Rochelle

Chacune des quatre saisons du Québec rivalise d'attraits. Avec l'arrivée de l'automne, les Québécois profitent des derniers beaux jours de l'année. C'est l'été des Indiens avec ses coloris féeriques avant la venue des hivers longs et rigoureux.

Automne québécois.
Tourisme Québec

comprend également un séjour en forêt où l'on se déplace en canot, en raquettes ou en motoneige, pour admirer les castors et les orignaux en compagnie d'un guide amérindien. Le regard que portent les Français sur les Amérindiens sera ici le centre de mon propos, puisqu'il est révélateur d'une certaine vision de l'Amérique et, de là, du Québec.

À bord d'un canot pneumatique, ce groupe de touristes part à la découverte de ces merveilleux mammifères que sont les baleines. Ces excursions sont très appréciées par les visiteurs européens.

Collection privée

Les stéréotypes sur les Amérindiens, en France

Dans un essai critique, le journaliste québécois François Dallaire s'attaque à un mythe européen dont il a noté la ténacité : celui du Bon Sauvage amérindien. Il expose les diverses idées qu'il a entendues en Europe sur la condition des Autochtones : la colonisation a été une tragédie pour les premiers habitants du Canada qui ont été spoliés de leurs terres. Ils ont malgré tout conservé leurs cultures, bien que « parqués » dans des réserves. Surtout, ils ont gardé une certaine noblesse[2]. Il semble en effet que les Français entretiennent à l'égard des Amérindiens un certain nombre de clichés qui seraient plus favorables que défavorables. Ces clichés influencent la conception que l'on se fait en France du Québec.

Naissance et vie de ces stéréotypes

L'intérêt des Français pour les Amérindiens remonte à la « découverte » de l'Amérique par Christophe Colomb. À travers les époques, ils se forgent des images sur les premiers habitants du Nouveau Monde. Des figures stéréotypées apparaissent, pérennisées par des représentations artistiques, des livres, et en dernier lieu des films. Les Indiens sont avant tout considérés comme différents, et leur étrangeté va s'exprimer sous diverses formes.

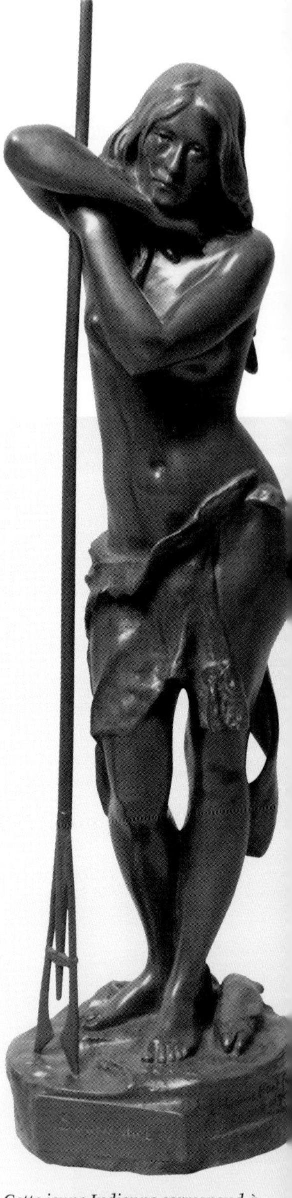

Cette jeune Indienne correspond à l'image du « bon sauvage » créée par Jean-Jacques Rousseau à la fin du XVIIIe siècle et diffusée largement par le romantisme.

LOUIS-PHILIPPE HÉBERT. SOUPIR DU LAC, *1908.*

Bronze. 55,1 x 15,6 x 15,6 cm.

Musée du Québec. Photo : Patrick Altman

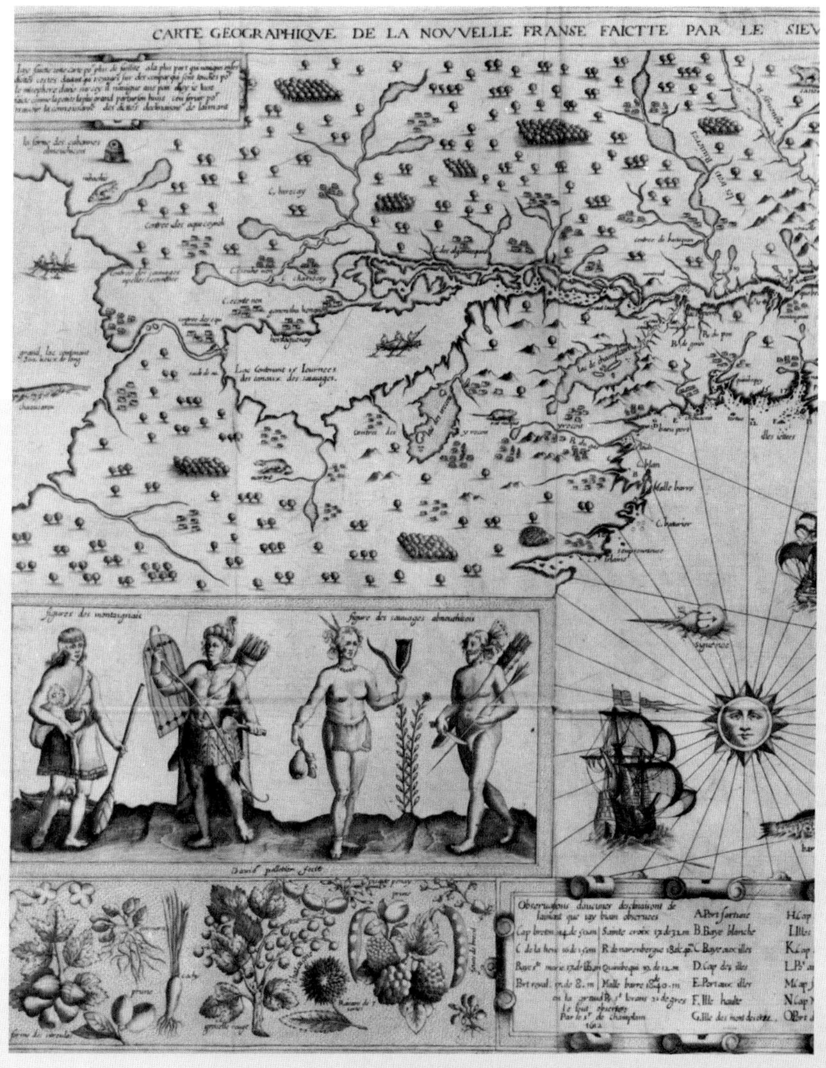

Lorsque Champlain établit cette carte, l'ère de la colonisation commençait. La représentation des habitants du nouveau continent était fréquemment utilisée sur les cartes géographiques. Aux yeux des premiers explorateurs, ce vaste territoire regorgeait de ressources inconnues. Les plus évidentes venaient de la mer: c'étaient la morue, le phoque et la baleine. La flore faisait également l'étonnement et les délices des Européens.

Sieur de Champlain. Carte géographique de la Nouvelle-France, 1612. (Détail)

Musée de la civilisation, fonds d'archives du Séminaire de Québec, 1993.15158.
Photo: Pierre Soulard

Le Sauvage sanguinaire

À l'époque des premiers explorateurs, la représentation de l'inconnu était souvent symbolisée par des figures démoniaques et des créatures monstrueuses. Les Européens, en apprenant l'existence d'un continent «nouveau», s'attendaient donc à y trouver des peuples aux coutumes étranges. Les récits des aventuriers et des missionnaires fournissent alors de la matière pour créer les premières images des Indiens, représentés au départ nus, païens, primitifs et cannibales. Selon Huguette Joris-Zavala, «la conquête [...] fit surgir un débat parmi les poètes, les philosophes et les juristes. [...] Les uns voyaient les habitants du Nouveau Monde sobres, stoïques, désintéressés et spoliés; les autres les considéraient avec dégoût, comme des bêtes féroces, des hérétiques, des fourbes et des dégénérés[3].»

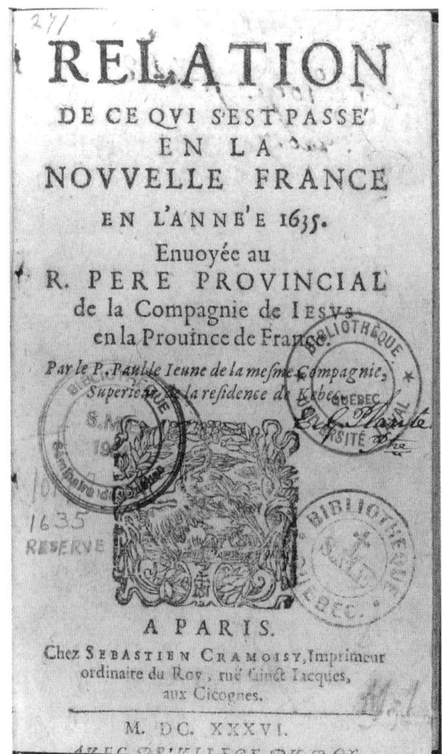

RELATION
DE CE QVI S'EST PASSE'
EN LA
NOVVELLE FRANCE
EN L'ANNE'E 1635.
Enuoyée au
R. PERE PROVINCIAL
de la Compagnie de IESVS
en la Prouince de France.
Par le P. Paul le Ieune de la mesme Compagnie, Superieur de la residence de Kebec.

A PARIS.
Chez SEBASTIEN CRAMOISY, Imprimeur ordinaire du Roy, ruë Sainct Iacques, aux Cicognes.
M. DC. XXXVI.

Les écrits que les Jésuites envoyaient du Canada fascinaient les lecteurs français. Un véritable mouvement de sympathie s'est développé envers l'œuvre missionnaire. Publiées annuellement de 1632 à 1673, les Relations *demeurent des témoignages historiques exceptionnels.*

Le père Paul Le Jeune. *Relation de ce qui s'est passé en la Nouvelle France en l'année 1635.* Enouyée au R. Père Provincial de la Compagnie de Jesus en la Province de France, Paris: Chez Sébastien Cramoisy, Imprimeur ordinaire du Roi, 1636.
Musée de la civilisation, bibliothèque du Séminaire de Québec, fonds ancien.
Photo: Jacques Lessard

Autodidacte, Joseph Légaré est considéré comme le premier peintre paysagiste québécois. Il connaît et admire l'art européen et s'est fait la main en copiant ou restaurant des tableaux venus d'Europe. Il brosse des portraits, des paysages champêtres, des scènes religieuses ainsi que des pages d'histoire tourmentées comme Le Massacre des Hurons par les Iroquois.

Joseph Légaré (1795-1855). Le Massacre des Hurons par les Iroquois, *vers 1828.*
Huile sur toile. 62,9 x 83,8 cm.
Musée du Québec. Photo : Patrick Altman

Au fil des contacts et des alliances commerciales, d'autres images négatives se dessinent : les tribus sont réparties en deux catégories, celle des « bons » et celle des « méchants ». Les « méchants » sont « d'une cruauté diabolique » et font subir d'horribles tortures à leurs captifs[4]. Cette image de « l'implacable ennemi » se répercute dans la littérature : « Outagamiz face à Ondouré dans *Les Natchez* (de François-René de Chateaubriand), Uncas face à Magua dans *Le dernier des Mohicans* (de James Fenimore Cooper)[5]. » La sauvagerie supposée des Indiens est également figurée dans l'iconographie sur les saints martyrs canadiens, subissant les pires sévices de la part de ceux à qui ils venaient prêcher la Bonne Parole. Enfin, «entre 1845 et 1883, la ruée vers l'or et la conquête de l'Ouest ont légitimé une propagande américaine anti-indienne intense dont on retrouve les échos dans la presse française. Cette propagande a ses stéréotypes, par exemple la cruauté des Indiens envers les colons blancs courageux et innocents, notamment les femmes et les enfants[6].» Les westerns ont longtemps utilisé cette version de l'histoire comme ressort dramatique essentiel.

Le Noble et Bon Sauvage

À la figure du Sauvage cruel est opposée celle du Bon Sauvage, cher à Jean-Jacques Rousseau. Cet Indien-là est nu, noble et naïf: «pour les artistes, la découverte de peuples vivant nus coïncidait avec le goût de retour à l'antique, de la vie pastorale et idyllique des hommes des premiers temps de l'humanité et avec le culte de la beauté des corps[7]». La méconnaissance des climats divers de l'Amérique du Nord amène même certains graveurs à représenter des Montagnais du Québec vêtus seulement d'un pagne de cuir. Cette image positive de l'Indien va perdurer grâce aux traits de caractère qu'on lui associe: l'Indien épris de liberté, vivant en harmonie avec la nature, prononçant des paroles pleines de sagesse[8]. De nombreux recueils de ces paroles, plus ou moins authentiques, sont publiés depuis les années 1970[9]. La diffusion de ces traits va aboutir à forger les deux figures les plus populaires de l'Indien: le précurseur de l'écologie (qui se bat pour préserver sa «Terre-Mère» malmenée par la civilisation occidentale) et le précurseur du communisme et de la fraternité entre les peuples (en vivant dans des sociétés supposées égalitaristes).

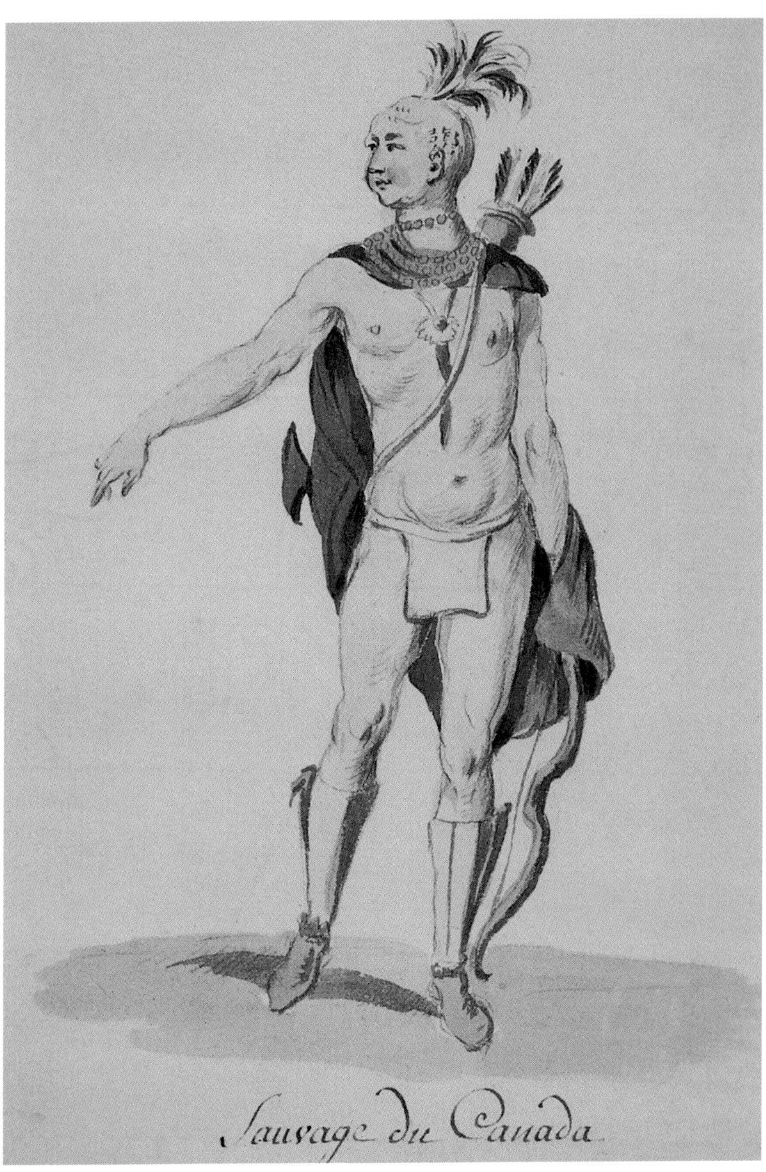

Desrais. Sauvage du Canada, *1788.*
Aquarelle.
Archives nationales du Québec à Québec

Des peuples en voie de disparition

Mais cette image positive a son revers : l'Indien courageux qui lutte avec acharnement pour conserver ses racines culturelles, qui a pour figures emblématiques Geronimo, Sitting Bull ou Crazy Horse, est une « race menacée ». En effet, « après la guerre de Sécession, l'existence des Indiens devient presque anachronique, survivance étrange et folklorique[10] ». Les romans, les films et les livres d'histoire qui portent sur la fin du XIXe siècle montrent surtout les massacres,

Ce chef apache obtint pour sa tribu un territoire dans l'Oklahoma, aux États-Unis.

Geronimo (1829-1908).
Carte postale.
Archives nationales du Québec à Québec

Cet autoportrait représente le chef assez jeune. La présence de son fils Cyprien tendrait à souligner la survivance du dernier des Hurons. Les nombreux attributs décoratifs seraient des objets-symboles témoignant d'une prise de conscience de la menace de l'acculturation de son peuple.

Zacharie Vincent. Zacharie Vincent et son fils Cyprien, *vers 1845.*
Huile sur toile. 48,5 x 41,2 cm.
Musée du Québec.
Photo : Patrick Altman

l'oppression, l'assignation à résidence dans des réserves. Les Indiens sont considérés comme étant en voie d'extinction, image personnifiée par Ishi[11], de la tribu californienne Yahi, recueilli par l'anthropologue Alfred Kroeber en 1911, mort en 1916 à San Francisco, « dernier Indien libre de l'Histoire », « ultime survivant d'une tribu qu'on croyait entièrement exterminée[12] ». Les Indiens deviennent donc des « bêtes de cirque ». Dès 1536, des petits groupes étaient exhibés en Europe, d'abord « émissaires diplomatiques », puis « curiosités anthropologiques[13] ». Entre 1877 et 1890, le Jardin d'Acclimatation de Paris accueille « des représentants de populations jugées inférieures pour accompagner des animaux », représentants qui deviennent peu à peu « l'attraction principale[14] ». Parmi eux se trouve un groupe de Mohawks. Installés derrière des barrières, en costumes traditionnels, vivant dans des « wigwams » reconstitués, ils sont offerts à la curiosité du public. L'Indien devient alors « la métaphore idéale d'un passé révolu[15] ». La biographie de Whitebird, un Sioux contemporain, témoigne de la persistance de cette image : « dans la rue, j'ai parfois l'impression d'être une page d'histoire qui marche, une légende qui change de trottoir[16] ». Enfin, le stéréotype de l'Indien vaincu est accentué par l'image de l'alcoolique, buvant pour noyer son désespoir. Au Canada, cette image a commencé à être façonnée dès

le Régime français[17], où des beuveries étaient constatées par les autorités coloniales[18]. Elle est perpétuée actuellement par des articles tels que «Le désespoir des Indiens du Dakota», publié par *Géo* en 1989: «trompés par les Blancs, rongés par l'ennui, les derniers Peaux-Rouges se réfugient dans l'alcool et la violence[19]».

Toutes ces images ont marqué les Français, qui ne font pas toujours bien la différence entre les multiples nations amérindiennes. L'archétype de «l'Indien» en Europe fait la synthèse des attentes que les Européens peuvent transférer sur une figure exotique de l'altérité: c'est «une population habitant la mentalité européenne, pas le paysage américain, un assemblage fictif fabriqué au cours des cinq siècles passés pour servir les besoins culturels et affectifs spécifiques de ses inventeurs[20]». Également, les Indiens sont associés

Carte postale représentant divers éléments de culture matérielle attribués aux Amérindiens.
Archives nationales du Québec à Québec

à leur environnement qui, quel qu'il soit, présente des caractéristiques généralisables: de vastes étendues de terres, plus ou moins vierges d'habitations, peuplées d'animaux sauvages qu'on ne trouve pas ou plus en Europe. Les Indiens des villes font sans doute moins rêver. Enfin, des éléments de culture matérielle et des symboles sont liés au stéréotype de l'Indien: le tipi, les coiffes de plumes, les tresses, le tomahawk, l'arc et les flèches, les peintures corporelles, les raquettes, le canot, la veste à franges en cuir, les mocassins; en dernier lieu, l'attribution d'un langage guttural et saccadé et de cris de guerre.

Des objets datant de la première moitié du XIXe siècle voisinent des pièces de facture récente dont la fabrication repose cependant sur des techniques ancestrales. Des piquants de porc-épic teints ou naturels sont incrustés dans les parois des couvercles. Leurs dimensions varient selon l'usage auquel on les destine.

Contenants en écorce de bouleau.
Musée de la civilisation. Photo: Alain Vézina

Au cours des 25 dernières années, Max Gros-Louis, grand chef de la nation Huronne-Wendat, fut très actif en ce qui a trait à la défense des Autochtones. Il est considéré comme le plus grand ambassadeur des Premières Nations en Europe.

MAX « ONÉ-ONTI » GROS-LOUIS.
Photo : Françoise Têtu de Labsade

Les associations militantes françaises pro-amérindiens

La curiosité des Français pour les Amérindiens s'exprime à divers degrés : du simple achat de livres à l'engagement personnel pour la défense de la « cause amérindienne ». Il existe en effet sur le territoire français de nombreuses associations de promotion ou de défense des cultures et des peuples amérindiens. Ces associations publient des revues, font signer des pétitions, organisent des journées de sensibilisation, et invitent même parfois des délégations d'Indiens pour participer à des festivals. Le discours tenu par ces associations, qui suivent souvent de près les travaux de l'ONU pour la création de la Charte des droits des peuples autochtones, est orienté par deux pôles d'expression. D'une part, les Amérindiens sont présentés comme des victimes de la colonisation et de l'expression du « progrès » vu par l'Occident : les militants dénoncent la destruction des valeurs amérindiennes de solidarité et d'entraide par l'individualisme occi-

dental; et les effets de la pollution, des mines à ciel ouvert, des barrages hydroélectriques, de la coupe à blanc sur les territoires autochtones. D'autre part, ils offrent une vision idyllique des Indiens, qui auraient eu la prescience des malheurs qui allaient frapper leurs peuples par des prophéties annonçant des catastrophes. Certains militants s'identifient tellement à ceux pour qui ils combattent qu'ils vont jusqu'à porter des éléments des costumes traditionnels, pratiquer certains rituels, voire vivre sous des tipis[21].

Ces personnes ne sont pas forcément marginales. Elles montrent comment, poussée à l'extrême, la fascination pour les Amérindiens est l'écho de fantasmes occidentaux sur un Paradis terrestre perdu. Le courant nouvel âge en constitue l'expression idéologique actuelle.

Un groupe de Montagnais à Pointe-Bleue, *vers 1890*.
Archives nationales du Québec à Québec. Photo : Livernois

Le Nouvel Âge

Il est difficile de définir ce courant, probablement héritier du mouvement hippie. Pour ses adeptes, nous entrons dans une ère nouvelle, celle du Verseau. Il prône un mode de vie plus sain et une recherche d'harmonie avec soi-même et avec le monde. Il est associé à un type de musique qui favorise la relaxation. Tout ce qui vient de la nature est considéré comme sacré ou porteur d'énergie positive. Le Nouvel Âge se veut avant tout un courant spirituel, et les Amérindiens fournissent leur quota de maîtres à penser. En France, il est possible de suivre des stages de «chamanisme», où l'on s'initie à des rituels censés être amérindiens. La musique et l'artisanat autochtones font partie du folklore.

Le grand triangle au milieu de la tunique symbolise à la fois le bas du corps du Seigneur suprême et la Montagne mythique où il réside. Il indique qu'elle fut portée par un chaman. En endossant la tunique, le chaman se trouvait investi par l'Être suprême et son Domaine, et entrait en transe. Par le biais de son propre corps, il donnait vie à ces symboles divins.

Tunique naskapie. Labrador, Québec, début XXe siècle.
Peau de caribou peinte. 114 cm.
Musée de la civilisation, 75-1197.
Photo: Alain Vézina

La quantité de nappes d'eau et de glace sur le territoire québécois contribue à développer le sentiment d'immensité du Québec.
RIVIÈRE JACQUES-CARTIER.
Tourisme Québec

La visite des Français au Québec

Les Français débarquent donc au Québec avec tout ce bagage. Les professionnels du tourisme en tiennent compte pour élaborer leurs stratégies de marketing. Dans un dossier «Voyages» du *Monde* consacré au Canada en 1995, le directeur de la division du tourisme à l'ambassade du Canada à Paris résume ainsi les «atouts» de son pays: «d'abord, la nature, au sens large. [...] Ensuite, la population. [...] Le tourisme culturel inclut aussi les festivals, les spectacles, les musées [...] et un héritage d'une exceptionnelle richesse, celui de nos populations autochtones[22].» Le tourisme d'aventure exploite l'attrait que représentent les grands espaces pour les Français, à qui l'on propose les balades en traîneau à chiens l'hiver, en canot l'été, les séjours dans des cabanes en

Ce guide touristique cherche à mieux faire connaître les 11 nations et les 54 communautés autochtones du Québec aux Québécois et aux étrangers, tant d'un point de vue touristique que culturel.

Le Québec autochtone, Éditions La Griffe de l'Aigle, Village-des-Hurons, Wendake, 1996. Distributeur européen: la Maison Vilo

rondins, la pêche sous la glace. Souvent, la rencontre d'Amérindiens est comprise dans le forfait, d'autant plus que se développe depuis une dizaine d'années un tourisme autochtone qui a même son guide[23]. Dans le même dossier du *Monde*, l'article «Retour aux sources» reflète ce que cherchent les Français: «survie en forêt, initiation aux techniques anciennes [...] Sur la piste de l'authenticité, la rencontre d'une attente et d'un savoir-faire.» Ils sont en quête d'un mode de vie «en étroite osmose avec l'environnement».

UNE BOUTIQUE D'ARTISANAT AUTOCHTONE.
Collection privée

Pour les moins sportifs, il reste la possibilité de visiter des musées amérindiens, à Pointe-Bleue (Lac-Saint-Jean), Wendake (le Village-des-Hurons, à côté de Québec) et Odanak. Le tout s'achève par un passage dans les boutiques de souvenirs. Dans les grandes villes comme Montréal et Québec, ces boutiques offrent un choix éclectique : pêle-mêle, des objets des cultures autochtones spécifiques au Québec côtoient des totems de Colombie-Britannique et des bijoux navajos (États-Unis), parfois sur fond de musique planante et d'odeur d'encens.

Les gens les plus au fait de la question amérindienne vont enfin fréquenter les rassemblements spirituels intertribaux et les pow-wows. Dans ces manifestations se pratiquent certains rituels, auxquels tous peuvent s'initier. Le comportement des Français sur place est toujours empreint d'un grand respect, comme si tout ce qui sortait de la bouche d'un Indien était forcément plein de sagesse.

Pourtant, les Français sont parfois déçus : les Indiens sont vêtus comme tous les Nord-Américains, vivent dans des maisons, sont à l'ère de l'ordinateur, du fax et des téléphones portables. Certains sont très métissés : il est difficile de distinguer un Huron d'un Québécois. On est loin de l'image folklorique du guerrier à plumes.

NOTRE-DAME-DES-VICTOIRES

La place des Québécois

Si les Amérindiens occupent une place très importante dans l'imaginaire des Français quand ils pensent au Québec, il ne faudrait toutefois pas occulter l'image des Québécois non autochtones. En premier lieu, les Français se réfèrent à leur accent et à leurs expressions en joual, ce qui agace parfois de ce côté-ci de l'Atlantique, surtout quand cet accent fait l'objet de comparaisons et d'imitations. Les jurons québécois comme «tabarnak» ou «calice» font la joie de leurs «maudits cousins». Puis surgit une différence majeure entre ceux qui ne connaissent pas le Québec et ceux qui ont déjà fait l'expérience d'un séjour là-bas.

Vive le Québec libre

Le fameux mot du général de Gaulle lors de sa visite au Québec en 1967 a eu beaucoup d'impact en France. Pour certains, il a fait passer les Québécois pour des Français exilés en Amérique, héritiers de Jacques Cartier et de Samuel de Champlain. Cette image se renverse quand les Français se rendent sur place: les Québécois apparaissent alors comme des Nord-Américains qui parlent français, dans un paysage de grands espaces, de buildings et de néons.

La joie de vivre des Québécois est légendaire. Carnaval, Festival international d'été de Québec, Festival de Jazz de Montréal, Fêtes de la Nouvelle-France accueillent chaleureusement, hiver comme été, des milliers de visiteurs étrangers.

Fêtes de la Nouvelle-France., 1997
Photo: Pierre-Paul Beaumont

Le général de Gaulle laissera aux Québécois un souvenir inoubliable lorsque, après son voyage triomphal entre Québec et Montréal, il lancera son fameux « Vive le Québec libre ! »

CHARLES DE GAULLE AU BALCON DE L'HÔTEL DE VILLE DE MONTRÉAL, 1967.
Archives nationales du Québec à Québec.
Photo : Georges Soucy

Tous les printemps, le « temps des sucres » est une occasion de se retrouver en famille ou avec des amis. À la cabane à sucre, le sirop d'érable bouillant jeté sur la neige et cristallisé est, pour les Québécois, une bonne occasion de « se sucrer le bec ». Une tradition dont les origines précèdent l'arrivée des Européens.

DÉGUSTATION DE TIRE D'ÉRABLE.
Tourisme Québec

Nourriture et commensalité

La gastronomie ayant une forte valeur identitaire sur le «Vieux Continent», les Français recherchent souvent les emblèmes culinaires d'un lieu pour le caractériser. Le plus connu est sans conteste le sirop d'érable. Ce n'est qu'après avoir visité le Québec que les Français citent les tartes au sucre et aux bleuets, la poutine, le pâté chinois et les tourtières. Ces mets sont rangés dans la catégorie de ceux qui «tiennent au corps», adaptés à un climat froid. Les Français notent également l'abondance des plats associés pour eux aux États-Unis (du style hamburgers-frites) qui, quoique autant répandus chez eux, ne font pas partie de leur patrimoine gastronomique. Mais si les Français accordent de l'importance à ce qu'ils mangent, ils apprécient surtout l'hospitalité des Québécois. Cet élément fait d'ailleurs partie des stratégies de promotion de Tourisme Canada, comme en témoigne un article de Bernard Couet: «une communication axée d'abord sur la nature, puis sur la convivialité des Canadiens[24]».

Les amitiés France-Québec

En fait, la langue et les origines communes restent les points centraux qui nous rapprochent. L'amitié France-Québec se manifeste surtout à travers des échanges culturels, gérés par de nombreuses associations. Parmi celles qui retiennent peut-être le plus l'attention des Français, il faut citer les associations de recherches généalogiques, dont l'initiative revient souvent aux Québécois, ainsi que l'organisation de festivals. C'est peut-être cette proximité qui induit le fait que les Français, avides d'exotisme, se tournent vers ces Autochtones, Amérindiens et Inuits, si particuliers et si lointains.

En juin 1998, des familles Roy d'Amérique foulent la terre de leurs ancêtres à Joigny, en Bourgogne. Elles en profitent pour visiter les Hospices de Beaune.

Fédération des familles souches québécoises. Photo : Gabriel Brien

Ce type de coiffe apparaît dès la fin du XVIIIe siècle. Portée par les jeunes filles micmaques, elle serait inspirée d'un chapeau de traite français.

COIFFE MICMAQUE. GASPÉSIE, QUÉBEC, 1850.

Laine feutrée, coton, plumes, rasade, ruban de soie. 36 x 20 cm.

Musée de la civilisation, 68-3370.

Photo : Alain Vézina

Conclusion

Les Amérindiens ont conscience des images que les Français projettent sur eux. Étant moi-même ethnologue et française, j'ai eu maintes fois l'occasion d'observer leurs réactions devant mes compatriotes : tel ce monsieur Cri, en visite à Paris, portant des colliers traditionnels qu'il n'arbore jamais chez lui, « pour ne pas décevoir », ou ce monsieur Algonquin, surpris de voir des touristes français « se déguiser en Indiens » lors d'un rassemblement spirituel dans une réserve : « ils ont des problèmes d'identité, tes copains ». Les Français offrent d'eux-mêmes au Québec une image qu'ils ne soupçonnent pas toujours et qui fait les délices des Québécois : « ce qui leur plaît furieusement [...] ce sont les Indiens. [...] Tout les impressionne, même s'ils ne comprennent que la moitié des explications que le guide leur mitraille avec un accent québécois à couper au tomahawk. [...] Vraiment, on ne voit bien son pays qu'avec les yeux d'un étranger[25]. »

Gérard Bouchard est professeur à l'Université du Québec à Chicoutimi et directeur-fondateur du Centre SOREP, devenu en 1994, l'Institut interuniversitaire de recherches sur les populations (IREP).

GÉRARD BOUCHARD.
Vidéo interactif réalisé en 1999
par Luc Courchesne

Les Autochtones

Gérard Bouchard
(Propos recueillis)

Comment expliquez-vous le regard que les Français portent sur les Amérindiens ?

Lorsque les immigrants s'établissent dans un territoire neuf, ils accèdent, à un moment donné, au sentiment de former une société autre, différente de celle de la métropole ou de la mère patrie. À partir de ce moment-là, on voit apparaître une nouvelle identité, un nouvel imaginaire, une nouvelle culture. Maintenant, il faut faire attention à l'expression « territoires neufs », car ces territoires ne sont neufs que du point de vue des Européens. Ils ne sont pas du tout neufs du point de vue des habitants qui étaient déjà là, en l'occurrence les Amérindiens !

Je crois que les Blancs éprouvent du remords pour ce que sont devenus les Autochtones qui habitaient le territoire avant eux. On a l'impression, et c'est une impression qui semble être assez bien fondée, que c'est à cause de nous qu'ils sont devenus comme ça. Je crois qu'il y a plusieurs Blancs qui voudraient « réparer » cette situation ; je ne sais pas si c'est le bon mot, mais c'est ainsi que les choses sont perçues et vécues par les Blancs. Mais on ne sait pas bien comment faire. De plus, si jamais on trouve les moyens de le faire, je ne suis pas bien certain qu'on sera prêt à y consentir. Parce que cela va forcément entraîner des coûts et des nouvelles négociations dans lesquelles il faudra bien faire des concessions. Et là, on ne sait pas très bien où se situe la barre de notre côté.

Les Européens ont fabriqué leur propre imaginaire amérindien. C'est cet imaginaire qu'ils essaient de retrouver lorsqu'ils viennent en visite ici. Le regard que les Européens promènent sur les Amérindiens, c'est un regard empreint de fantaisie. C'est évidemment une dimension que nous n'avons pas, parce que notre regard sur la réalité amérindienne, c'est celui de la quotidienneté. Je pense que l'attitude des Européens émane des relations qui étaient jadis entretenues, des descriptions de voyages qui étaient faites par les Européens depuis les premiers contacts officiels avec le continent américain, soit depuis Jacques Cartier. Le regard amérindien que les Européens portent sur ces réalités était déjà fabriqué avant même que les Européens ne voient les Amérindiens. C'est le mythe du Bon Sauvage qui existait déjà au XVIe siècle en Europe. Les Européens sont trop loin de la réalité amérindienne, et quand ils s'en approchent, c'est rarement pour venir faire des études d'anthropologie ou des relevés ethnographiques, c'est plutôt pour raviver cet imaginaire qui les habite déjà.

Le dynamisme des Québécoises

Benoîte Groult
(Propos recueillis)

Benoîte Groult. Membre du jury du prix Fémina. Auteure de plusieurs livres, notamment Ainsi soit-elle *(1975), B. Grasset;* Pauline Roland, ou, Comment la liberté vint aux femmes *(1991), R. Laffont.*

Benoîte Groult.
Vidéo interactif réalisé en 1999
par Luc Courchesne

Lorsqu'on demande à Benoîte Groult si les Français s'intéressent au Québec, elle nous répond du tac au tac par une autre question: est-ce que les Français s'intéressent à autre chose qu'à eux-mêmes?

J'ai bien peur que non! répond-elle immédiatement. Pourtant, c'est tellement extraordinaire qu'il reste, dans un continent américain, une terre française. Enfin que je considère comme française, car la langue, ça fonde l'identité. Moi, personnellement, ça m'émeut que ce pays résiste, et j'espère que je ne suis pas la seule à le penser, parce que le voisinage des Américains tout-puissants, c'est vraiment difficile. Il fallait être combatif, solide, sûr de ce qu'on faisait. Enfin, je trouve ça extraordinaire que le Québec ait résisté de cette façon. Et rien que pour ça, nous devrions être reconnaissants à ce pays. La francophonie se perd un peu partout alors que là-bas, elle est plus vivante que jamais. Rappelez-vous de Gaulle, il a prononcé une phrase qui a donné des ailes à l'indépendantisme québécois. De temps en temps, il faut qu'une phrase parte du cœur, des souvenirs, des fantasmes et pas seulement de la langue de bois des diplomates.

Je suis toujours venue au Québec avec plaisir parce que j'y prends une leçon de dynamisme. Les femmes du Québec sont énergiques, agressives, elles savent ce qu'elles veulent. Alors que les Françaises sont encore des «jeunes filles rangées», comme disait Simone de Beauvoir. Je trouve que les Québécoises sont moins soumises à l'opinion masculine que nous, elles ont le courage de se montrer comme elles sont. Je les ai entendues chanter dans des dîners, être grossières même, et la grossièreté aussi c'est une conquête des femmes. Pourquoi seuls les hommes pourraient être grossiers? Je ne dis pas qu'il faille tout le temps choquer, dire des gros mots, ce n'est pas la question. Je dis que les femmes ont le droit d'utiliser tous les langages et pas seulement ceux du charme et de la séduction. Les Françaises sont d'irrémédiables coquettes. Elles pensent trop à séduire et cela les empêche d'obtenir ce à quoi elles ont droit. Nous sommes des citoyennes de seconde zone en France, alors que les Québécoises, je les admire: elles osent occuper le terrain.

Deuxième partie:

La francophonie a son emblème depuis la tenue à Québec de la deuxième Conférence des chefs d'État et des gouvernements des pays ayant en commun l'usage du français. Cet emblème représente officiellement cinq portions d'arcs identiques, en bandes crénelées d'un côté, qui s'appuient l'une sur l'autre pour former un cercle dont le diamètre intérieur est six fois la largeur des bandes.

CHÂTEAU FRONTENAC ENTOURÉ DU SIGLE LUMINEUX DU SOMMET DE LA FRANCOPHONIE, 1987.

Archives nationales du Québec à Québec. Photo : Daniel Lessard

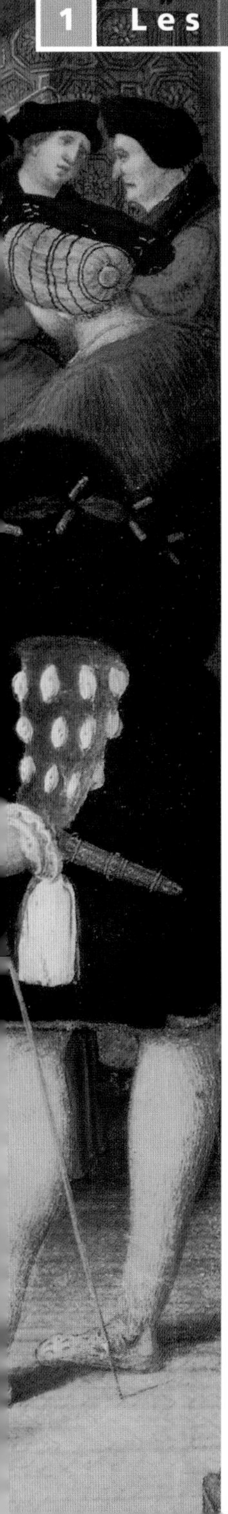

1 Les parlers français et la francophonie

Stélio Farandjis

La francophonie ne cesse de fleurir et de s'épanouir dans le monde d'aujourd'hui, même si les médias internationaux ne lui prêtent pas toujours l'attention qu'elle mérite. L'histoire et la muséographie retraceront sans doute l'épopée de cette langue française qui, dès le Moyen Âge, sous des formes, il est vrai, différentes du français d'aujourd'hui, était la grande langue internationale parlée à la cour d'Angleterre et par les marchands flamands et italiens qui se rencontraient aux foires de champagne.

Présentation d'un ouvrage à François Ier entouré de ses conseillers et des membres de sa cour.

MINIATURE. XVIe SIÈCLE.- Musée Condé, Chantilly. Photo: Lauros-Giraudon

Une épopée

Au XVIe siècle, le français s'est affiné et s'est renouvelé en même temps. La créativité populaire a fait de cette langue une langue pleine de saveur et de truculence. Le *Pantagruel* (1532) et le *Gargantua* (1534) de Rabelais donnent une excellente idée de ce que pouvait être cette langue enrichie par des siècles de trouvailles populaires. L'oralité dans laquelle elle baignait essentiellement lui avait laissé une grande liberté et une audace extrême que reflètent fabliaux et passions, poèmes et chansons.

Le français, devenu langue officielle avec l'ordonnance de Villers-Cotterêts (1539), ne perd pas de son charme, celui que les paysans angevins, bretons, normands et vendéens entretiendront pendant des siècles au Québec et en Acadie, grâce notamment à la tradition orale. À l'âge préclassique, la luxuriance des dialectes d'oil, la profusion des vocabulaires des métiers, la hardiesse dans l'inventivité populaire continuent à marquer du sceau de la diversité cette langue française. Puis, se font sentir les influences de Malherbe et de Boileau, la préciosité des salons et le ton de la cour qui, peu à peu, enserrent cette langue comme dans un corset. La tradition académique va achever le processus de normalisation.

Dans les salons parisiens, on tente de bannir toute vulgarité de langage et de comportement afin de se distinguer du commun. On dit que Louis XIV aimait «converser» avec madame de Maintenon.

LOUIS XIV DONNANT AUDIENCE À SES MINISTRES DANS LE CABINET DE MADAME DE MAINTENON. Détail d'une reproduction d'après l'œuvre de John Gilbert, 1872.
Musée de la civilisation, dépôt du Séminaire de Québec, 1993.25288.2

L'Europe française du Siècle des lumières parlera une seule et même langue, «langue par excellence de la diplomatie et de la conversation», pour reprendre la formule récente d'un ministre du gouvernement de Salvador Alliende.

Ce qui a contribué à renforcer l'unité et la normalité, c'est à la fois la tendance politique à la centralisation de Richelieu à Clémenceau, en passant par Louis XIV et Napoléon, et la tendance à l'abstraction ou à la rationalisation. Ce n'est pas un hasard si ces

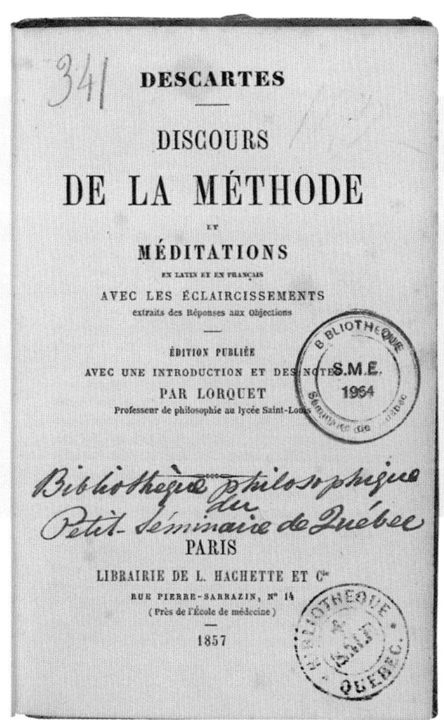

341

DESCARTES

DISCOURS

DE LA MÉTHODE

ET

MÉDITATIONS

EN LATIN ET EN FRANÇAIS

AVEC LES ÉCLAIRCISSEMENTS

extraits des Réponses aux Objections

ÉDITION PUBLIÉE

AVEC UNE INTRODUCTION ET DES NOTES

PAR LORQUET

Professeur de philosophie au lycée Saint-Louis

Bibliothèque philosophique du Petit-Séminaire de Québec

PARIS

LIBRAIRIE DE L. HACHETTE ET Cie

RUE PIERRE-SARRAZIN, N° 14

(Près de l'École de médecine)

1857

René Descartes en 1637 a choisi d'écrire son Discours de la méthode *en français et non en latin afin qu'il soit lu de tous. Sa méthode est révolutionnaire et consiste à maîtriser les diverses étapes du raisonnement afin d'aboutir à une vérité exempte de tout soupçon. Il apparaît comme un maître de liberté.*

Descartes, *Discours de la méthode et méditations,* Hachette, Paris, 1857. Musée de la civilisation, bibliothèque du Séminaire de Québec, fonds ancien, 342.9. Photo : Jacques Lessard

Messieurs de Port-Royal se sont autant préoccupés de «logique» que de «grammaire». Déjà, en 1637, Descartes a choisi d'écrire son *Discours de la méthode* en français, et la «Raison d'État» se confond souvent avec «l'état de la raison». Dans son *Discours sur l'universalité de la langue française,* Rivarol dira que «ce qui n'est pas clair n'est pas français».

L'absence d'unité ethnique, la volonté de lutter contre les patois et les dialectes sous la Révolution française avec l'abbé Grégoire, le statut prestigieux de la langue du pouvoir qui se confond avec le pouvoir de la langue, l'identification de la nation et de l'État avec la langue française renforceront sous les diverses Républiques et, notamment à l'école, la tendance à l'homogénéité et à la normalité.

De plus, le fait que peu de rameaux extérieurs au berceau originel ont pu rivaliser avec lui en nombre et en puissance, comme ce fut le cas entre les États-Unis d'Amérique et l'Angleterre, a contribué à accentuer cette tendance. On connaît à cet égard le

Le cardinal de Richelieu crée l'Académie française en 1635. Dès sa première séance, l'Académie avait décidé, à l'invitation de Richelieu, de rédiger un dictionnaire. Le premier tome voit le jour en 1694.

ANONYME. CARDINAL DE RICHELIEU, VERS 1754.
Musée des Augustines de l'Hôtel-Dieu de Québec.
Photo : Jacques Lessard

mot de Bernard Shaw « l'Angleterre et l'Amérique sont séparées par une langue commune » !

Depuis la première édition du dictionnaire de l'Académie française en 1694 jusqu'à la neuvième édition en cours, le « bon usage » s'est imposé et la « faute de français » a été, pour beaucoup d'écoliers et même pour beaucoup de citoyens adultes, pendant des générations, assimilée à un véritable péché ou à un véritable délit.

Diversité et universalité

La francophonie[1] embrasse trois significations distinctes : *l'ensemble des locuteurs* s'exprimant en français naturellement ou fréquemment et tous ceux qui peuvent le faire si l'occasion se présente ; *la communauté internationale* qui, à partir de cette langue partagée, s'organise tant sur le plan intergouvernemental que sur le plan associatif, afin de se donner de la force et de peser à l'échelle internationale ; *l'esprit de dialogue et de métissage* qui s'exprime à travers les créations littéraires, les chansons et la culture en général.

Au cours des conférences des chefs d'État et de gouvernement, les participants conviennent des priorités à adopter.

Réunion du Sommet francophone au Grand Théâtre de Québec, 1987.
Archives nationales du Québec à Québec.
Photo : Marc Lajoie

Jacques Chirac inaugure la sculpture de Jean-Pierre Raynaud, lors du Sommet francophone à Québec en 1987. Ce cadeau de la Ville de Paris à Québec se veut une réponse à la fontaine de Daudelin sur la Place du Québec à Paris. La sculpture de Raynaud, installée sur la Place de Paris, a été réalisée en marbre blanc de Grèce et en granit noir pour les joints. Un grand parallélépipède surmonté d'un cube symbolise un corps dont la tête sans visage, légèrement décalée, provoque une rupture visuelle.

Visite au Québec de Jacques Chirac, premier ministre de France durant le Sommet de la francophonie, 1987.
Archives nationales du Québec à Québec. Photo : Robert Furness

Dans un rapport remis récemment au premier ministre français Lionel Jospin, et joliment intitulé « Désir de France », le député Patrick Bloche a cru devoir mettre en exergue une phrase que j'avais prononcée lors de mon audition parlementaire : « Ce qui fait l'intérêt de la francophonie, c'est sans aucun doute le choc de la diversité heurtant de plein fouet la tradition française de l'universalité. Comment reconnaître la différence tout en affirmant l'égalité fondamentale de tous les êtres humains ? Comment à la fois maintenir l'unité et faire leur place aux particularismes ? C'est cette tension, cette question maintenue ouverte qui entretient la vie de la francophonie. »

Effectivement, la francophonie est l'alliage exceptionnel de l'unité et de la différence. Cet alliage est d'autant plus exceptionnel que l'époque que nous vivons est marquée par deux dérives diamétralement opposées et également mortelles : le désert ou la jungle, l'uniformisation ou la ghettoïsation, bref, le tout Coca-Cola ou le tout Ayatollah.

Le mariage entre l'unité ou l'universalité d'une part, et la diversité ou la pluralité d'autre part, s'exprime en francophonie de multiples manières. Ainsi, par exemple, le français n'est plus la propriété des seuls Français et l'on ne regarde plus avec condescendance, mais au contraire avec intérêt, voire jubilation, les mots ou les tournures de phrase créés en français par des Québécois, des Belges, des Africains ou des Maghrébins. Ainsi, le français est utilisé pour

Carton d'invitation pour l'inauguration de la Place du Québec, à l'angle des rues de Rennes et Bonaparte et du boulevard Saint-Germain, en présence de monsieur Jacques Chirac, maire de Paris, et de monsieur René Lévesque, premier ministre du Québec, le mercredi 17 décembre 1980 à 10 h 30.

Carton d'invitation représentant la plaque de la Place du Québec à Paris.
Source : Françoise Tétu de Labsade

Cette sculpture-fontaine du Québécois Charles Daudelin, inaugurée en octobre 1985 à Saint-Germain-des-Prés, présente de simples carrés en cuivre, soulevés par la force de l'eau qui semble émerger des canalisations. Selon son auteur, elle représente l'émergence du peuple québécois.

Charles Daudelin, L'Embâcle, *1985.*
Photo : Françoise Tétu de Labsade

exprimer des cultures, des imaginaires différents et prend souvent, de ce fait, des couleurs contrastées, des rythmes et des souffles variés. Enfin, il est désormais établi que le français entre en convivialité linguistique avec les langues de France (flamand, breton, occitan, basque, alsacien, corse...), les langues de la France d'outre-mer et celles du monde francophone en général : langues africaines, tamarzight, créoles, arabes et variantes populaires de l'arabophonie, langues canaques, bislamar au Vanuatu, bhojpouri à l'île Maurice, letzebueger au Luxembourg... À l'école, dans la rue, sur les ondes et sur toutes les scènes du spectacle vivant, toutes ces langues se conjuguent dans une polyphonie de plus en plus vécue comme une évidente réalité et un atout de premier ordre.

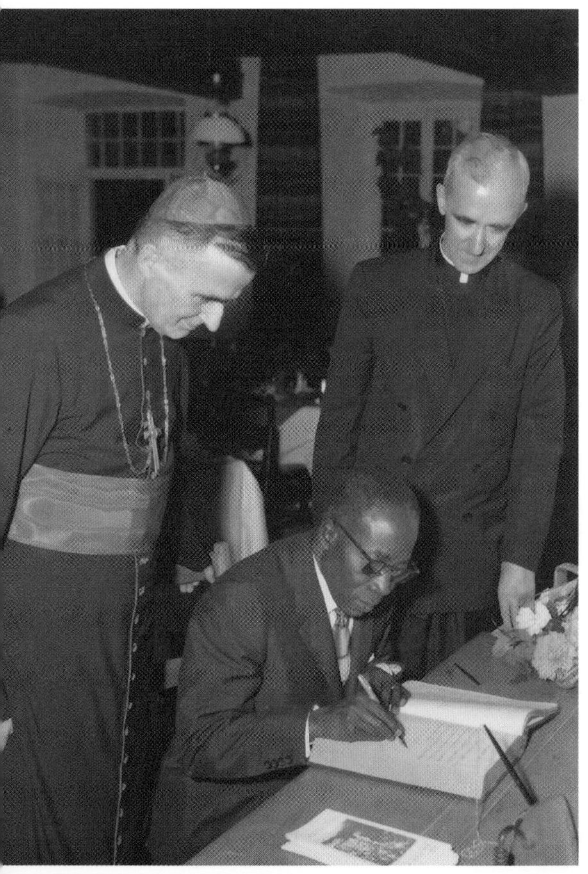

À l'occasion de la visite à Québec de monsieur Léopold Sédar Senghor, président de la République du Sénégal en 1966, l'Université Laval lui confère le grade de docteur en lettres honoris causa. *« La francophonie, déclare monsieur Senghor, est un mode de pensée et d'action ; une certaine manière de poser les problèmes et d'en chercher les solutions. » Il est considéré comme l'un des pères de la francophonie.*

SIGNATURE DU PRÉSIDENT LÉOPOLD SÉDAR SENGHOR EN PRÉSENCE DU CARDINAL MAURICE ROY ET DE MONSEIGNEUR VACHON, 1966.
Division des archives de l'Université Laval (DAUL), P309, négatif n° 52. Photo : Edwards

Une production franco-québécoise en images de synthèse pour le Sommet de la francophonie de 1987 réalisée à la Cité des arts et des nouvelles technologies de Montréal.

LE CHANT DES ÉTOILES, *1987.* Idée originale et producteur : Hervé Fischer. Réalisateur : Michel Meyer. Photo : Cité des arts et des nouvelles technologies de Montréal

On ne peut s'empêcher, devant les savoureuses créativités francophones qui fleurissent d'une manière très populaire et très vivante dans les banlieues de nos grandes villes et qui sont les fruits de féconds métissages, de penser à cette formulation fulgurante et prophétique du président Senghor, dans la revue *Esprit* de novembre 1962 : « La francophonie, c'est cet humanisme intégral qui se tisse autour de la terre : cette symbiose des énergies dormantes de tous les continents, de toutes les races qui se réveillent à leur chaleur complémentaire. »

La francophonie est aujourd'hui confrontée à un défi vivifiant : la créativité partagée et le provignage linguistique qui surgissent et s'épanouissent partout. Les variations de la langue française se multiplient et les particularités du français d'Afrique, de Belgique, du Québec, de Romandie qui ne sont plus dédaignées font l'objet d'études et se diffusent plus largement qu'auparavant. Ainsi, sur les 116000 définitions du *Dictionnaire universel de la francophonie* publié chez Hachette (1997), environ 10000 proviennent de l'univers francophone en dehors de la France. L'Académie française, très attachée aux bons usages, s'est elle-même dotée d'une commission de la francophonie qui a adopté, entre autres, «aubette» (mot venu de Romandie), «foresterie» (en présence du premier ministre canadien), «gouvernance et primature» (à l'instigation d'un académicien d'origine sénégalaise). Ainsi donc, le fait majeur réside désormais dans cette tension entre unité et diversité, permanence et changement. Le trésor précieux de l'intercompréhension, entre les générations comme entre les continents, doit être préservé coûte que coûte. Reste que la question centrale de la pluralité demeure posée.

Franco-polyphonie

Comment une langue telle que la langue française peut-elle éviter le risque ou la chance d'aventures multiples et diverses? Le grand poète mauricien, Édouard Maunick, dit: «Je veux inséminer la langue française» ou encore «Je veux ensauvager la langue française», car cette langue, ajoute-t-il, «a pris la mer»... Le regretté écrivain congolais Sony La'bou Tansi disait: «Je veux tropicaliser la langue française» et le cher poète haïtien René Depestre a justement dit que la langue française était devenue «un lieu d'identités multiples». Il y a aussi des auteurs maghrébins, comme par exemple Abdel Wahab Meddeb, qui veulent donner un rythme arabe à la langue française. Le français des banlieues emprunte beaucoup aux langues du Maghreb, ainsi qu'au verlan.

Comment ne pas trouver des mots nouveaux, des expressions originales, des images singulières pour désigner des paysages spécifiques ou des réalités sociales particulières? Bref, les mémoires et les imaginaires imposent leurs rythmes, leurs images, leurs accents. Dès 1982, je créais, pour ma part, l'expression «franco-polyphonie» pour exprimer ce que la fran-

En 1974, la Superfrancofête qui s'est tenue sur les Plaines d'Abraham à Québec fut un grand succès. Une célébration de la langue avec des hommes et des femmes venus de divers pays francophones.

Spectacle national du Liban lors de la Superfrancofête, 1974.
Photo : Marcelle Gosselin

cophonie avait de plus beau et de plus sacré : cette union intime entre la raison et le sentiment, entre l'abstraction et la réalité concrète, entre l'unité ou l'universalité et la différence ou la diversité, entre la transcendance et l'incarnation.

Cet alliage, cette alliance, ce mariage... ne sont pas une juxtaposition de bunkers ou de ghettos. Tous les partenaires sont copropriétaires ou colocataires de la langue ; il est bon que les inventions circulent, se diffusent largement pour éviter que les divergences ne provoquent dislocation, éclatement et cessation de l'intercompréhension. Il y a longtemps que je me suis fait le diffuseur du joli mot québécois de « traversier » pour désigner un ferry-boat. Pour qu'une langue vive, il ne faut pas que soit cultivée la frayeur du néologisme comme cela a été le cas avec la création même de ce dernier mot qui, dans les dictionnaires du XVIIIe siècle, est connoté péjorativement, sinon les exigences mêmes de la vie imposeront le recours systématique aux emprunts provenant des langues étrangères. Par ailleurs, si les langues vivantes ne doivent pas redouter les emprunts, il faut que ceux-ci s'inscrivent dans l'égalité des échanges, ce qui implique réciprocité des flux et diversification des sources.

Ce qui est important, c'est que les différents locuteurs francophones, les différents partenaires de la francophonie se sentent parfaitement dignes, responsables, participants et égaux. Tout ne sera pas retenu. Les écoles, l'usage, le bon sens, le bon goût, bref l'histoire feront des tris. Mais, répétons-le encore une fois, l'essentiel est que le sentiment soit répandu d'une création collective, partagée et continue de la

La francophonie reste un moyen privilégié de conserver un héritage de civilisation basé sur la langue française, tout en encourageant la pluralité culturelle et la solidarité entre les peuples.

Jeune Vietnamienne lors de la Superfrancofête, 1974.
Photo : Marcelle Gosselin

Le mot «traversier» est un québécisme. Les Français utilisent plutôt l'anglicisme ferry-boat. Les colons débarqués en Nouvelle-France ont créé des mots sur la base de la similitude avec des mots existants (traversier, de traverser). Ces procédés de formation de nouvelles unités lexicales n'ont jamais cessé d'être utilisés depuis les débuts de la colonie.

Traversier entre Québec et Lévis.
Photo : Kedl

langue. À cet égard, en 1984, le Haut Conseil de la Francophonie avait fait adopter par les Postes françaises un timbre qui avait pour devise : «Égaux, différents, unis... la Francophonie».

Les variations ou variantes peuvent être liées à l'espace, au temps ou à la sociologie. D'une part, en effet, les jeunes, les différents groupes professionnels ou sociaux secrètent leur propre langage et, d'autre part, la diversité géolinguistique francophone est si grande que l'Association des universités francophones a entrepris systématiquement, depuis plusieurs années, de dresser un inventaire des particularités lexicales du français en Afrique noire. Il faut saluer ici l'œuvre de linguistes remarquables qui ont été des pionniers dans l'inventaire des français parlés dans le monde : Claude Poirier, du Québec, et Danièle Racelle-Latin, de Belgique ; il faut rappeler aussi que,

Le défi majeur de la francophonie réside dans ses relations Nord-Sud et notamment dans ses liens avec l'Afrique, premier bassin, en termes de population, de la francophonie.

UN CAMEROUNAIS, 1974.
Photo : Marcelle Gosselin

dès 1979, Pierre Dumont[2] lançait son *Lexique du français du Sénégal*; en 1984, Noël Anselot publiait *Ces Belges qui ont fait la France*[3]; et qu'en 1988, Loïc DePecker faisait paraître *Les Mots de la Francophonie*[4]. Par ailleurs, en 1968, les Presses de l'Université Laval, à Québec, avaient réédité le célèbre *Glossaire du parler français au Canada,* paru en 1930, et qui avait été préparé sous la direction de A. Rivard et de L.P. Geoffrion.

À propos de la diaprure lexicale francophone, il est bon de reproduire ici des passages d'un célèbre article de Jean-Pierre Peroncel-Hugoz paru dans *Le Monde* du 19 octobre 1991.

> À quoi bon cette francophonie extra-muros si elle n'apporte pas de saveurs nouvelles? Au Jura suisse, qui se veut pourtant le plus «français» des cantons confédérés, dans la première bonne maison où vous entrerez on vous désignera les cafignons, demi-pantoufles de feutre épais où vous enfilerez vos pieds chaussés, histoire de ne pas gâter les tapis de vos hôtes. Lesquels vous proposeront sans doute de la

damassine locale, eau-de-vie de prune rappelant une variété de fruits rapportés de Syrie par les Croisés... Hier, à Porrentruy, c'était fierobe (prononcer firôb; vient de l'allemand Freierabend), c'est-à-dire congé, et l'on vous demandera donc si le chnabre (vacarme) nocturne des chloppets (garçons sans tenue) et des fend-l'air (coqs de village) ne vous a pas rendu gringe (de mauvaise humeur)... En quittant vos amis jurassiens, autre saut dans l'inconnu à Dakar, d'emblée entre le Cap-vert et le lac Rose, vous serez ébloui par l'inventivité linguistique des Dakarois, aussi foisonnante que les motifs de leurs boubous... Si vous faites une escale en Algérie, vous serez étonné de voir que ce pays n'a pas pu empêcher dans la rue une vigoureuse créativité parolière en français.

La francophonie est autant affaire d'émotions et de générations que d'institutions.

Jeune fille du Mali, 1974.

Photo : Marcelle Gosselin

Après avoir évoqué l'imagination sémantique du Québec, l'auteur termine son article en faisant l'éloge de la créativité populaire française, de la créativité langagière du peuple parisien et cite également une impressionnante gerbe de mots nouveaux surgis dans les rues de Marseille.

Les différences, dans le corpus linguistique, constituent un véritable trésor; le député Xavier Deniau avait à cet égard, dès 1991, rédigé un rapport sur la richesse des variétés du français pour le compte

ANTOINE PLAMONDON (1804-1895). CYPRIEN TANGUAY, 1832.
Musée de la civilisation, dépôt du Séminaire de Québec, 1991. 74.
Photo : Pierre Soulard

du Conseil supérieur de la langue française présidé par Bernard Quémada. Ce dernier, grand linguiste et sémanticien, qui s'est illustré en menant à bien la grande aventure du *Trésor de la langue française*, avait conçu, avec l'aval du président Senghor, un très grand projet: constituer le *Trésor des parlers de la Francophonie*. Ce projet devra se réaliser si l'on veut donner à tous les francophones une exaltante idée de leur riche patrimoine commun. Déjà, les travaux menés en France, en Belgique, en Suisse, au Québec en particulier et au Canada en général, dans les centres de linguistique appliquée de certaines grandes métropoles africaines et ceux menés à l'instigation de l'Agence de la Francophonie comme de l'Agence universitaire ont accumulé des matériaux considérables.

Cyprien Tanguay est l'auteur du premier dictionnaire généalogique des francophones en Amérique du Nord. Son fichier original ayant servi à rédiger le Dictionnaire généalogique des familles depuis la fondation de la colonie constitue un travail en sept volumes.

Musée de la civilisation, dépôt du Séminaire de Québec, 1991.74

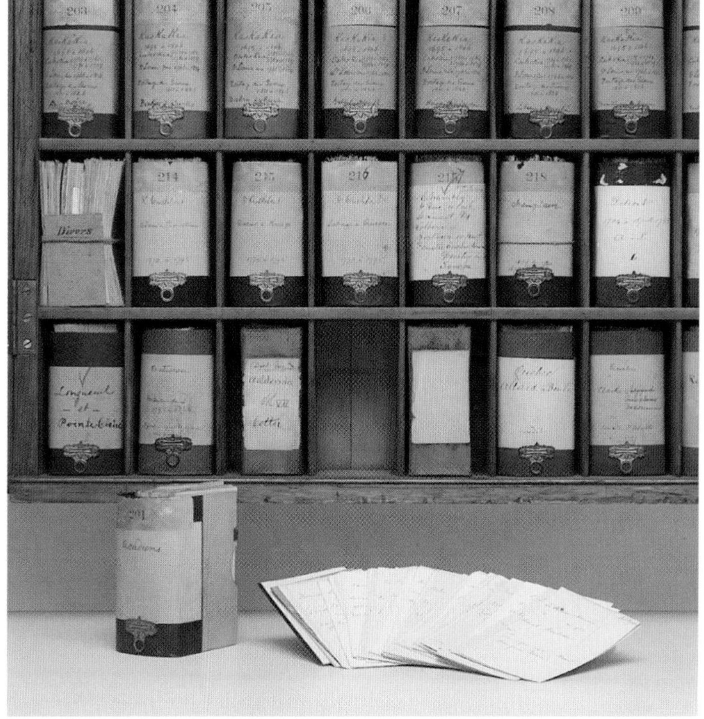

Certes, la diversité peut conduire à la divergence, voire à la dislocation, mais si la dialectalisation est toujours à l'œuvre dans l'histoire générale des langues, elle n'est plus à redouter, dès lors que la volonté collective existe pour maintenir l'unité du corpus linguistique, et pour préserver, par-dessus tout, l'intercompréhension entre tous les francophones. Le «joual» au Québec, le «français de Moussa» en Côte d'Ivoire ont représenté des illustrations de ces divergences pouvant conduire à la fragmentation de la koiné francophone, mais ces exemples limites sont néanmoins révélateurs. Ils sont l'expression d'un besoin profond, ils témoignent d'une volonté d'autochtonie, d'appropriation collective, de distinction identitaire.

Le metteur en scène André Brassard et l'auteur Michel Tremblay travaillant au spectacle Albertine en cinq temps, *en 1985. Les pièces de Tremblay écrites en «joual» décrivent les milieux populaires francophones de Montréal.*

Reproduite avec l'aimable autorisation du Grand Théâtre de Québec

En 1999, la Ville de Paris reçoit le Québec à son Salon du livre. Une bonne occasion pour les Français de mieux connaître les écrivains québécois.

Salon du livre de Québec, 1998.
Centre des congrès de Québec.
Photo : Henri Dorval

Si le travail de créolisation est toujours à l'œuvre, d'autres tendances vont dans le sens contraire : aux forces centrifuges s'opposent les forces centripètes. Les voyages rendus plus faciles ; la communication rendue plus rapide grâce au téléphone, à la radio, à la télévision, à Internet ; la concertation pédagogique francophone internationale ; la constitution d'une aire éditoriale commune avec ses rencontres d'écrivains, ses salons du livre... Voilà autant de facteurs qui concourent à homogénéiser, à rapprocher, à unir. Néanmoins, il est vrai, le choc de la différence se fera paradoxalement sentir encore plus nettement alors même que l'unité et la proximité se sont imposées.

Un pas a été franchi dans la reconnaissance de l'altérité au sein même de l'unité, lorsqu'en France, le décret du 11 mars 1986 relatif à l'enrichissement de la langue française a disposé, dans son article 4, que «les commissions ministérielles de terminologie ont pour mission de contribuer à la collecte et à l'harmonisation des données terminologiques et néologiques en tirant profit des richesses du français parlé hors de France».

C'est dans ce même esprit que l'Agence de la Francophonie a créé des offices régionaux des langues en 1991, qui ont notamment pour but de procéder à des inventaires de toutes les richesses linguistiques de la francophonie.

En 1987, cet écrivain marocain de langue française a reçu le prix Goncourt pour son roman La Nuit sacrée *qui exprime le déracinement des émigrés.*

Tahar Ben Jelloun. *La Nuit sacrée,* Éditions du Seuil, Paris, 1987

Ces richesses ne sont pas simplement celles des livres ; rappelons-nous que sous la glace de la langue écrite, bouillonne la lave brûlante de l'oralité. L'Acadienne Antonine Maillet nous impose ses « dérangements » ; elle nous rappelle qu'une mariée en Acadie est « gréée » comme un navire ; ses verbes, forgés en Amérique française profonde, sont en fait les résurgences du parler des paysans poitevins expatriés : « s'émoyer » pour s'inquiéter, « abominer » pour détester. Les prix Goncourt accordés à Antonine Maillet, Tahar Ben Jelloun, Patrick Chamoiseau ont rendu, ces dernières années, de singuliers hommages à la luxuriance des « parlures » francophones.

ANTONINE MAILLET

Pélagie-la-Charrette

roman

Grasset

Pélagie-la-Charrette *valut à son auteure, Antonine Maillet, le prix Goncourt en 1979. Née au Nouveau-Brunswick, elle a publié en France un premier roman,* Mariaagélas. *Sa pièce de théâtre* La Sagouine *fut jouée à Paris et en province avec un grand succès.*

Antonine Maillet. *Pélagie-la-Charrette*, Paris, Grasset, 1979

Le mot «épinglette», employé au Québec, tend à remplacer le mot «pin», utilisé en France.

DEUX ÉPINGLETTES FLEURDELISÉES ET UNE RÉFÉRENDAIRE.
Photo: Françoise Tétu de Labsade

De leur côté, les Québécois ont pu faire admettre certaines de leurs créations comme «voyagiste», qui a supplanté l'anglicisme «tour-opérateur», ou comme «épinglette», qui tend à supplanter «pins»... Autrement dit, la diversité créatrice ne rompt pas l'unité géolinguistique de la francophonie mais tend à la renouveler, à l'enrichir, à la pimenter, bref à la vivifier.

Les différences qui éclatent, ici et là, dans l'aire de la francophonie sont plus souvent d'ordre lexicographique ou stylistique que syntaxique. La structure fondamentale de la langue commune est maintenue, alors que l'anglophonie, en devenant dominante sur la scène internationale, perd en même temps son unité et sa qualité du fait d'un laisser-faire et d'un libéralisme linguistique hostiles à toute idée de «management» ou de «régulation» à l'échelle internationale.

Les Championnats mondiaux d'orthographe de Bernard Pivot durèrent quatre ans. Le 24 novembre 1990, une Québécoise, Pascale Lefrançois, remporte le championnat catégorie junior. Elle était la troisième Québécoise à remporter ce prix. La France, pour des raisons pécuniaires, ramènera ses championnats à des dimensions nationales. La Dictée des Amériques prendra la relève.

BERNARD PIVOT ET PASCALE LEFRANÇOIS AU PALAIS DU LUXEMBOURG (SÉNAT FRANÇAIS) À PARIS LORS DES CHAMPIONNATS MONDIAUX D'ORTHOGRAPHE, 1990.

Source : Pascale Lefrançois

Rigueur et saveur

La quadrature du cercle, en francophonie, ne serait-elle pas celle-ci : comment concilier rigueur et saveur, ordre et désordre, discipline et jeu, multipolarité dans la création linguistique et marché commun dans la circulation des langages ? La gageure consiste à faire que chaque partie puisse se sentir autonome tout en restant solidaire de l'ensemble. La synthèse est toujours à construire, car un tel système, global et pluriel à la fois, est toujours instable parce que contradictoire, parce que vivant. Mais devons-nous avoir peur de la complexité, si la complexité c'est la vérité, si la complexité c'est la vie ?

Déjà, Henriette Walter, dans *L'Aventure des mots français venus d'ailleurs*[5], a raconté l'histoire des mots étrangers intégrés au français à travers les siècles, «cette immigration parfois clandestine qui a donné petit à petit ses couleurs à notre langue»; déjà, Marcel Lachiver a, dans son *Dictionnaire du monde rural*[6], magistralement montré l'extraordinaire richesse et l'extraordinaire diversité du vocabulaire français d'autrefois. Demain, dans le cadre des grandes manifestations de l'an 2000, Lyon célébrera «les langues françaises», à l'initiative de l'ancien premier ministre Raymond Barre, et à l'instigation du linguiste Bernard Cerquiglini.

Un feuilleton écrit par huit romanciers de Moncton à Tunis

Le DEVOIR et Libération seront associé[s] dans un grand jeu littéraire international

ROBERT LÉVESQUE

Les lecteurs du DEVOIR pourront suivre à compter du 15 juillet un grand feuilleton, intitulé *Marco Polo ou le nouveau livre des merveilles*, qui aura la particularité d'être écrit par huit romanciers dispersés d'Abidjan à Moncton, de Tunis à Paris, de Villeneuve-lez-Avignon à Rome, de Brazzaville à Montréal, reliés entre eux par un dispositif de technologie avancée, et sous la direction de deux meneurs de jeu, les célèbres écrivains italiens Italo Calvino et Umberto Eco.

Véritable application du principe de l'« oeuvre ouverte » élaboré par Umberto Eco, qui a signé plusieurs études sur les rapports entre la création artistique et les communications de masse, ce premier grand feuil-

Photos Le DEVOIR

Les auteurs Jacques Savoie et Umberto Eco.

leton multimédia de la franc
(il en résultera également u
animé diffusé à Antenne 2, u
publié à Paris et Montréal, u
de théâtre dirigée par Micha
dale, une bande dessinée te
que) sera créé au jour le jo
au 27 juillet.

Cette opération littéraire s
cédent a été mise au point a
international de recherche,
tion et d'animation (CIRC
Villeneuve-lez-Avignon en
Bernard Tournois, le direc
CIRCA, a imaginé cette « ré
à plusieurs voix » pour conf
l'aide d'une même langue,
tures différentes (chaque
devra reprendre le récit et
sonnages où l'autre l'aura l
ainsi de suite).

Les écrivains qui se la

Voir page 10: Le Devoir et Li

Ce grand jeu littéraire international consistait en l'écriture d'un roman par huit romanciers dispersés sur trois continents. Chaque écrivain devait reprendre le récit et les personnages là où l'autre les avait laissés. Il en résultera le premier grand feuilleton multimédia de la francophonie.

UN FEUILLETON ÉCRIT PAR HUIT ROMANCIERS, DE MONCTON À TUNIS.
Tiré de *Le Devoir*, Montréal, mercredi 10 juillet 1985.
Source: Hervé Fischer, Cité des arts et des nouvelles technologies de Montréal.
Photo: Jacques Lessard

Carte du monde de la francophonie, Sommet de Moncton, 1999.
Reproduite avec l'aimable autorisation de *L'Année francophone internationale*

Donner, aujourd'hui, à tous les francophones le sentiment que leur langue est bien vivante et qu'elle est l'affaire de tous, faire connaître, grâce aux réseaux électroniques, l'immense richesse, la foisonnante inventivité qui s'illustrent de Québec à Lausanne, d'Alger à Paris, de Dakar à Marseille, voilà ce qui devrait mobiliser les responsables de la francophonie internationale, s'ils veulent donner à cette francophonie l'audace de la jeunesse et la saveur de la vie.

La francophonie

Jean-Marie Borzeix

(Propos recueillis)

Jean-Marie Borzeix a été directeur littéraire aux éditions du Seuil de 1979 à 1984; puis à la direction de France culture, station culturelle de Radio France, pendant treize ans, de 1984 à 1997.

JEAN-MARIE BORZEIX.
Vidéo interactif réalisé en 1999
par Luc Courchesne

Que pensez-vous de la francophonie ?

Pour la France, la francophonie représente un problème parce que les Français ne savent pas qu'ils sont francophones. Pour eux, parler français va de soi. La langue qu'ils parlent, ils l'ont toujours parlée et ils croient qu'ils la parleront toujours; à leurs yeux elle n'est pas menacée. Les Français ont, à l'égard des autres pays qui parlent cette langue, une attitude un peu paternaliste et souvent faite de beaucoup d'indifférence. Cela s'explique par le fait que la France est un pays qui a été dans une position dominante au XVIIIe siècle. C'était alors le pays le plus influent du monde et la langue de l'élite intellectuelle, partout dans le monde occidental, c'était le français. Je crois que nous ne l'avons jamais oublié.

Je pense qu'il y a au Québec des formes d'expressions littéraires, des formes d'expressions intellectuelles très originales. Mais c'est vrai, puisqu'on est là à réfléchir sur ce qui se passe entre nos deux pays, qu'il y a un problème. C'est que les deux pays n'ont pas le même poids démographique et géopolitique, ce qui a une incidence importante. Aujourd'hui, les éditeurs, en France, publient des livres et les diffusent au Québec sans la moindre difficulté. En revanche, les éditeurs québécois publient des livres et ils ne parviennent pour ainsi dire jamais à les diffuser de ce côté-ci de l'Atlantique, en France, en Europe. Là, il y a un rapport qui reste profondément inégalitaire. Je ne suis absolument pas capable, pour l'instant, de vous dire quelle est la solution et c'est bien regrettable. Il devrait être possible, pour un éditeur québécois, d'éditer un grand écrivain argentin, brésilien ou chinois, de diffuser son livre à Paris et d'être l'éditeur de base, comme aujourd'hui ça se passe pour les éditeurs français.

Les Français vous comprennent-ils lorsque vous parlez québécois ?

Denise Bombardier

(Propos recueillis)

Denise Bombardier est journaliste à la télévision canadienne. Elle a publié notamment La Déroute des sexes *(1993), Le Seuil;* Une enfance à l'eau bénite *(1985), Le Seuil;* La Voix de la France *(1975), Robert Laffont.*

DENISE BOMBARDIER.
Vidéo interactif réalisé en 1999 par Luc Courchesne

Il n'y a pas de langue québécoise, c'est un leurre. Les Québécois qui prétendent ça se trompent. Il y a une langue française avec des accents, avec des mots différents, avec des néologismes. Il y a une langue qui est plus ou moins vivante selon d'où on vient, selon le milieu social auquel on appartient, selon le degré d'instruction qu'on a. C'est pareil pour tous les pays. Si nous ne sommes pas capables de parler un français qui est exportable, alors c'est bien dommage pour nous. Ce n'est pas le reste de la francophonie qui va nous entendre. Ce qui est troublant lorsqu'on est Québécois et qu'on pense comme moi, c'est de se dire : comment se fait-il que nous pouvons comprendre les gens partout dans le monde où se parle le français, qu'il s'agisse des francophones du Moyen-Orient ou de l'Afrique, et qu'eux ne nous comprennent pas ? Alors, c'est nous qui avons un problème. Ce ne sont pas les Québécois qui, à six millions, vont définir la norme d'une langue qui est parlée par cent millions de personnes. Certes, on a légiféré en matière de langue. Mais maintenant on a un deuxième défi, c'est celui de nous battre pour la qualité de la langue. Car si on a une langue qui n'est pas de qualité, qui est incommunicable avec le reste de la francophonie, il est évident qu'un jour, quand on nous demandera : « qui êtes-vous ? » nous dirons que nous sommes Louisianais.

Le problème, c'est de croire que nous avons une culture qui est très semblable uniquement parce qu'on parle la même langue. Ce qui n'est pas le cas. Montréal est une ville nord-américaine et nous sommes des Nord-Américains parlant français. Je crois que cela établit la différence entre vous et nous. Un Français qui arrive au Québec et qui croit qu'il est chez lui est plus dépaysé que s'il arrive dans un pays où normalement il devrait être dépaysé. Justement à cause du fait qu'entre l'image qu'il a et ce qu'il découvre il y a un fossé.

L'office franco-québécois pour la jeunesse

Acteur des échanges entre jeunes des deux côtés de l'Atlantique, l'Office franco-québécois pour la jeunesse joue un rôle de premier plan dans la compréhension entre les deux cultures et l'ajustement des regards portés sur l'autre.

Créé en 1968, à la suite du célèbre voyage du général de Gaulle au Québec, il partage avec l'Office franco-allemand pour la jeunesse, créé au lendemain de la Seconde Guerre mondiale, l'originalité d'inscrire politiquement un réseau intense d'échanges et de rencontres francophones. Vécus d'une manière très affective, les premiers voyages consacraient des retrouvailles entre cousins perdus de vue, étonnés par la fausse familiarité des débuts. La découverte du pays et de ses habitants formait alors l'essentiel du programme où alternaient circuits touristiques et sportifs. Très rapidement, les échanges ont évolué vers des modalités plus professionnelles, répondant aux demandes des jeunes, tant français que québécois.

Des accords entre jeunes travailleurs ou jeunes du milieu agricole furent passés, ouvrant la voie à d'autres types d'échanges de plus en plus marqués au sceau de la crise du monde professionnel. L'OFQJ devint alors une passerelle vers les compétences développées par les uns et les autres.

Avides d'informations et d'expériences, les jeunes Français et Québécois vivent alors leur rencontre à un stade de maturation d'autant plus rapide que les deux sociétés connaissent des changements profonds auxquels chacun réagit différemment, imprégné de son propre héritage.

Autant les Français se découvrent pétris d'histoire, autant les Québécois se révèlent nord-américain. S'il est vrai que l'on apprend à se connaître en travaillant ensemble, les terrains sont alors propices à l'approfondissement des relations.

Depuis quelques années déjà, l'OFQJ est à la fine pointe des relations entre les deux sociétés en développant des rencontres axées sur la façon que nous avons de nous percevoir. Il développe les activités déjà établies: pour les Français friands de nature et de grands espaces, vers le loisir d'aventure et, pour les jeunes Québécois en quête de leurs racines, vers le loisir culturel et patrimonial.

Le 2 décembre 1998, les premiers ministres de France et du Québec, Lionel Jospin et Lucien Bouchard, ainsi qu'une imposante délégation ministérielle et une kyrielle de journalistes célébraient le 30e anniversaire de la création de l'Office franco-québécois au Café électronique de Montréal.

Lucien Bouchard et Lionel Jospin au Café électronique de Montréal, 1998.
Source : Hervé Fischer, Cité des arts et des nouvelles technologies de Montréal

Sur ce fond commun potentiellement favorable au maintien des images que l'on se fait des uns et des autres, il propose un ensemble d'activités mettant en valeur les compétences ou l'originalité des expériences de chacun. Les programmes conçus autour de l'insertion professionnelle et sociale permettent à chacun d'observer, d'évaluer, d'adapter les réponses apportées ici ou là. À partir des premiers voyages de quartier en 1991, c'est un programme de formation et emploi qui est mis en place afin de faciliter l'insertion professionnelle, tout aussi difficile des deux côtés de l'Atlantique. Les échanges culturels se transforment en des formules plus pointues permettant par exemple à de jeunes artistes, des acteurs du patrimoine d'approfondir leurs pratiques.

Loin du regard narcissique où l'autre prend place comme un différent soi-même, il s'agit désormais de s'enrichir par la prise en compte de celui qui, dans son altérité désormais reconnue, est porteur de création, de dynamisme.

QUÉBEC, BERCEAU DE LA FRANCOPHONIE EN AMÉRIQUE
DICTÉE DES AMÉRIQUES
1999

2 Le français du Québec: visite guidée

Robert Vézina[1]

À n'en pas douter, lorsque des francophones d'origines nationales différentes entrent en contact, la langue devient un de leurs sujets de conversation privilégiés, presque autant que la météo ou le sport! Les rencontres entre Québécois et Français donnent souvent lieu à ce petit rituel. En effet, lorsque des représentants des deux plus nombreuses communautés de langue maternelle française[2] abordent la question des particularités linguistiques de chacun, un cortège de remarques, où se côtoient idées reçues et observations personnelles, sont invariablement émises.

Tout d'abord, d'un point de vue européen, le français québécois représente un certain paradoxe. Bien que leurs ancêtres aient quitté les «vieux pays» pour gagner le «Nouveau Monde» et y fonder la «Nouvelle-France», les Québécois parlent une langue qui, à plusieurs titres, paraîtra vieillotte à bon nombre de Français. Plusieurs caractéristiques de la

Chaque année, la Dictée des Amériques invite une personnalité bien connue de la francophonie internationale à rédiger un texte original et à le lire aux concurrents sélectionnés pour prendre part à la grande compétition internationale d'orthographe de langue française. En 1999, la romancière et dramaturge québécoise Marie Laberge a écrit et lu son texte dans la salle du Conseil législatif de l'Assemblée nationale du Québec. Une centaine de finalistes d'une douzaine de pays francophones y assistaient. Le but de cette dictée est de promouvoir le bon usage de la langue française et de contribuer au rayonnement international du fait français.

Marie Laberge, 1998.

Source: Sylvio Morin, *Dictée des Amériques*. Télé-Québec.

Photo: Alain Tremblay

Le 13 août 1974, en après-midi, les premiers ministres du Canada et du Québec Pierre Elliott Trudeau et Robert Bourassa donnent le coup d'envoi de la Superfrancofête, fête de la francophonie. En soirée, sur les Plaines d'Abraham devant la grande scène, une foule évaluée à plus de 125 000 personnes assiste au spectacle de Robert Charlebois, Gilles Vigneault et Félix Leclerc. Les trois terminent le spectacle en entonnant avec la foule Quand les hommes vivront d'amour *de Raymond Lévesque.*

OUVERTURE DE LA SUPERFRANCOFÊTE DEVANT L'HÔTEL DU PARLEMENT, *1974.* Archives nationales du Québec à Québec. Photo : François Lessard

parlure québécoise peuvent effectivement évoquer le français d'autrefois, voire le parler paysan de certaines régions de France. De plus, bien des Français trouveront le parler québécois sympathique, pittoresque, spontané et, pourquoi pas, plein de bonhomie ; d'autres en revanche le trouveront pauvre, relâché et rempli de « fautes »...

Par ailleurs, le « français de France » exerce une fascination indéniable sur les habitants des « cabanes au Canada », mais une fascination remplie de contradictions, bref une véritable relation passionnée. Ainsi, le Québécois moyen balance entre une admiration béate devant la richesse du vocabulaire et l'élégance du discours de son cousin français et un agacement à peine contenu à l'égard de son accent pointu et de ses *shopping*, *parking* et *pressing*...

Bien entendu, dès qu'il s'agit d'impressions et d'opinions personnelles sur quelque réalité linguistique que ce soit, la subjectivité est reine et les mythes s'installent et perdurent sans entraves. Cependant, bien que tout mythe se fonde sur une certaine réalité (par exemple, celui portant sur le caractère «antique» du français québécois), il est sans doute plus satisfaisant d'appréhender la question du français québécois[3] sous l'angle de l'objectivité. Cette brève «visite guidée» de la langue de Charlebois, Dion, Dufresne, Leclerc, Plamondon et Vigneault vise ainsi à établir les faits fondamentaux entourant la formation de celle-ci et de ses caractéristiques principales.

C'est à Québec que nos ancêtres venus de France ont débarqué pendant les XVIe et XVIIe siècles. Plusieurs des immigrants qui ont fait souche se sont établis dans la partie basse de la ville aujourd'hui appelée Place Royale. Actuellement, leurs noms se retrouvent un peu partout en Amérique du Nord.

Jean Baptiste Louis Franquelin, Quebec comme il se voit du cote de l'est, *1699.*

Cartouche. 40 cm x 71 cm.

Musée de la civilisation, fonds d'archives du Séminaire de Québec, Z-11.

Photo: Pierre Soulard

L'origine du français du Québec

Considérons que la colonisation du Canada a commencé de façon durable — mais très lente — à partir de la fondation de Québec par Samuel de Champlain en 1608. De 1608 à 1760, année de la conquête anglaise, environ 10 000 immigrants se seraient installés au Canada. L'effectif fondateur du nouveau pays, environ 3500 personnes arrivées avant 1680, est à près de 99 % d'origine française. Ces pionniers de la première heure, provenant surtout de villes et de bourgs plutôt que de la campagne, auront une descendance plus nombreuse que ceux qui s'établiront par la

CARTE MONTRANT LES PRINCIPALES RÉGIONS D'ORIGINE DES PREMIERS COLONS CANADIENS.
Société de généalogie du Quebec.
Photo : Françoise Tétu de Labsade

Le français était implanté chez les élites des villes de grande et de moyenne importance. Le reste de la France parlait des langues régionales ou des dialectes locaux.

BEAUX MELONS ; ACHETEZ MON BEAU MELON, *XVIIIe S.*
Gravure sur cuivre
Musée National des Arts et Traditions Populaires, inv 70. 115. 21. B.
Photo : A. Guey

suite, justement à cause de l'antériorité de leur arrivée. Leur poids démographique a conditionné en grande partie leur importance linguistique et ce sont eux qui ont donné au français québécois ses caractéristiques de base. Les régions d'origine sont variées, mais un certain nombre se détachent du lot : la Normandie et le Perche (environ 25 %), l'Ouest (le Poitou-Charentes, environ 30 %) et l'Île-de-France (territoire englobant Paris, environ 20 %). Tout l'est et le sud de la France sont peu représentés[4]. Plusieurs aspects du vocabulaire et de la prononciation du français québécois actuel rappellent ce peuplement original.

Il semble aujourd'hui hors de tout doute que le langage employé en Nouvelle-France dès les premiers temps de sa colonisation ait été le français et non pas une multitude de patois régionaux. En effet, la mosaïque linguistique prévalant en France à l'époque de la colonisation ne s'est pas transposée en Nouvelle-France. Les différents usages apportés par les colons se sont assez rapidement harmonisés et ont conduit à l'émergence d'un français relativement uniforme. Que ce soit à titre de langue maternelle ou de langue seconde (pour les patoisants), le français a ainsi toujours été la langue commune du peuple québécois. Cela s'explique notamment par l'importance du contingent parisien (groupe comprenant plusieurs femmes), par l'influence de l'élite (les administrateurs, le clergé, la bourgeoisie, la noblesse), la constitution de familles et de nouvelles communautés linguistiquement «exogames» (les différents membres ne parlant pas nécessairement le même dialecte) ainsi que par le fait que la plupart des colons patoisants provenaient de régions où les dialectes étaient assez proches parents du français parisien et où, de toute façon, le français avait déjà fait des gains importants au XVIIe siècle. Il y était utilisé parallèlement aux patois, surtout dans les villes, petites ou grandes. Néanmoins, la francisation de la France ne sera entreprise résolument qu'après la Révolution de 1789. De nos jours encore, il y a des Français qui n'ont pas le français comme langue maternelle (c'est le cas de plusieurs Alsaciens, Bretons et Basques, par exemple). À ce titre, il n'est pas faux de dire que le français a été universel au Canada avant de l'être en France.

Le français québécois n'est pas demeuré statique, mais a évolué au fil du temps. Ce processus ne s'est pas fait par étapes distinctes, mais plutôt de façon continue, les diverses tendances se complétant ou s'opposant mutuellement. Certains événements historiques ont servi de catalyseurs à des tendances sous-jacentes (par exemple, la coupure d'avec la France: le conservatisme) ou ont provoqué de nouvelles orientations (par exemple, la Conquête: l'anglicisation; la traite des fourrures: les emprunts aux langues amérindiennes). Ces tendances rendent toutes compte du façonnement d'une variété originale de français.

En 1759, les troupes anglaises menées par le général James Wolfe l'emportent contre celles du marquis de Montcalm et prennent Québec. Les boulets des canons anglais éventrent le toit de certains édifices religieux. La colonie française passe donc à l'Angleterre, suite à quoi la langue subit des influences qui sont encore présentes aujourd'hui.

Richard Short, gravé par Anthony Walker. Vue de l'intérieur de l'Église des Jésuites.
Tiré de *Twelve Views of the Principal Buildings in Quebec*, 1761. Estampe, eau-forte.
Musée de la civilisation, dépôt du Séminaire de Québec, 1993.15819.
Photo : Pierre Soulard

Le côté archaïsant du français du Québec

Pour de nombreux Français, le français québécois représente une sorte de « conservatoire » du français, un musée du langage *françois*. Cette impression remonte au XIXe siècle. Les témoignages sont nombreux ; celui de l'écrivain Paul Féval fils est typique : « Mais si vous voulez entendre le vrai son de la langue de Bossuet et de Corneille, l'avis général est qu'il faut aller jusqu'au Canada, où verdit un rameau du vieil arbre de France[5]. » D'aucuns iront même

L'écart entre langue populaire et langue de l'élite était fortement marqué. Le décalage entre l'oral et l'écrit s'accentua dans la seconde moitié du XVIIe *siècle avec les codifications de grammairiens comme Vaugelas.*

RÉGALÉS-VOUS MES DAMES, V'LA L'PLAISIR, *XVIIIe S.*
Gravure sur cuivre.
Musée National des Arts et Traditions Populaires, inv 70. 115. 16. B.
Photo : A. Guey

jusqu'à affirmer que c'est de l'ancien français que l'on peut entendre sur les rives du fleuve Saint-Laurent! Qu'en est-il vraiment ?

D'entrée de jeu, il importe de préciser que l'ancien français ne se parle plus depuis la fin du XIIIe siècle. Les Québécois ne s'expriment pas non plus en moyen français (comme l'a suggéré le philologue américain A.M. Elliott à la fin du XIXe siècle) ni comme Bossuet ou Corneille. Toutefois, il est vrai que beaucoup de mots, d'acceptions, de traits syntaxiques et de prononciation courants à l'époque du français classique (ou même à une période antérieure) et désuets aujourd'hui en français général se retrouvent encore dans la bouche des Québécois. Ces « survivances », assez nombreuses, contribuent au mythe de la conservation du français des XVIIe et XVIIIe siècles au Québec.

Plus d'un humoriste s'est moqué du parler de Jean Chrétien. Un trait qui revient souvent dans leurs imitations du premier ministre du Canada est celui-ci : *À ce moment-ici*... Cet emploi de l'adverbe *ici* au lieu de *ci* après un nom précédé d'un démonstratif est senti comme anormal, impropre ; à tout le moins, le public instruit considère que l'usage de cette construction trahit un manque d'éducation flagrant. Il n'a pas entièrement tort. En effet, la norme actuelle, tant en France qu'au Québec – la norme québécoise suit généralement à la lettre celle de la France en tout ce qui concerne la grammaire – stipule que le renforcement d'un démonstratif doit se faire au moyen des adverbes *ci* et *là*. Quiconque veut s'exprimer dans un style soigné se doit donc de suivre cette règle, du moins de nos jours. Pourtant, il y a trois siècles, la norme était loin d'être établie sur ce point. Vaugelas – grammairien membre de l'Académie

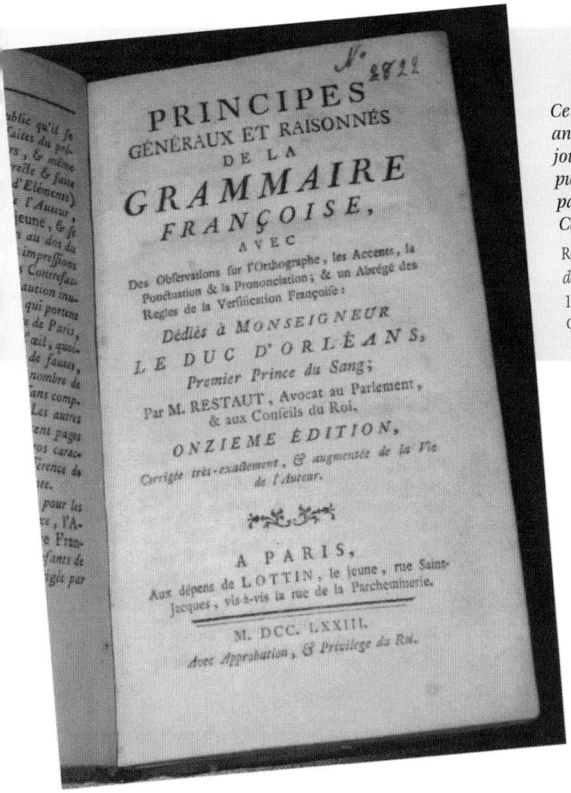
PRINCIPES GÉNÉRAUX ET RAISONNÉS DE LA GRAMMAIRE FRANÇOISE, AVEC Des Observations sur l'Orthographe, les Accents, la Ponctuation & la Prononciation ; & un Abrégé des Regles de la Versification Françoise : Dédiés à MONSEIGNEUR LE DUC D'ORLÉANS, Premier Prince du Sang ; Par M. RESTAUT, Avocat au Parlement, & aux Conseils du Roi. ONZIEME ÉDITION, Corrigée très-exactement, & augmentée de la Vie de l'Auteur.

A PARIS, Aux dépens de LOTTIN, le jeune, rue Saint-Jacques, vis-à-vis la rue de la Parcheminerie.

M. DCC. LXXIII.

Avec Approbation, & Privilege du Roi.

Cette grammaire est l'une des plus anciennes que l'on possède encore aujourd'hui. Elle venait de France, puisqu'à cette époque, on n'imprimait pas encore de livres scolaires au Canada.

Restaut, M., *Principes généraux et raisonnés de la Grammaire françoise,* Lottin, Paris, 1773.

Collection des Ursulines de Québec

française de 1634 jusqu'à sa mort, en 1650 — écrivait dans ses *Remarques sur la langue française* parues en 1647 (p. 366):

> Tout Paris dit, par exemple, *cet homme-cy, ce temps-cy, cette année-cy*, mais la plus grand'part de la Cour dit, *cet homme icy, ce temps icy, cette année icy*, et trouve l'autre insupportable, comme réciproquement les Parisiens ne peuvent souffrir *icy*, au lieu de *cy*.

Depuis cette époque, la règle s'est fixée, à l'avantage de l'emploi parisien et, actuellement, la construction avec *ici* survit dans la langue populaire au Québec et, du moins au début du siècle, en France (sans doute ailleurs également). Ainsi, une tournure qui avait jadis la cote à la cour de France est désormais stigmatisée et jetée aux oubliettes de l'usage.

En France, le souper se prend après le spectacle. Au Québec, il équivaut au dîner français.

CAFÉ TERRASSE.
Tourisme Québec.
Photo: Norma Joseph

Le sort de cet emploi de *ici* est typique de celui de plusieurs autres, tant au niveau lexical, grammatical que phonétique. L'innovation, mouvement naturel, constant et irrépressible de toute langue, a comme corollaire l'obsolescence. Comme le français de Paris, dans une large mesure, donne le ton à l'évolution de la norme française, l'usage québécois (surtout dans ses registres familier et populaire) ainsi que ceux des autres communautés francophones «éloignées» sont naturellement enclins à présenter un côté archaïsant face au français de France; ils sont plus conservateurs. C'est une loi universelle qui caractérise le rapport entre une «langue mère» et ses «rameaux». Pour illustrer cette tendance au conservatisme, mentionnons la série déjeuner, dîner et souper (comme substantifs et comme verbes), qui ont conservé leur sens d'origine (tout comme en Belgique, en Suisse et dans plusieurs régions de France).

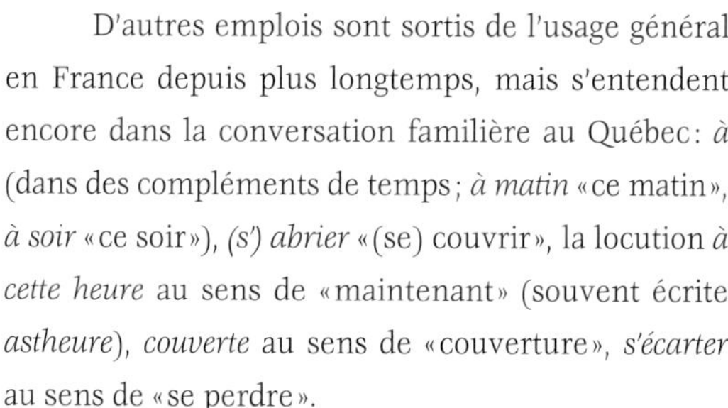

D'autres emplois sont sortis de l'usage général en France depuis plus longtemps, mais s'entendent encore dans la conversation familière au Québec: *à* (dans des compléments de temps; *à matin* «ce matin», *à soir* «ce soir»), *(s') abrier* «(se) couvrir», la locution *à cette heure* au sens de «maintenant» (souvent écrite *astheure*), *couverte* au sens de «couverture», *s'écarter* au sens de «se perdre».

Des prononciations qui se maintiennent

La prononciation aussi recèle des particularités qui rappellent l'époque classique. Un des meilleurs exemples est la diphtongue *oi* prononcée **wé** ou **wè**. Les *moué* ou *mouè* et les *toué* ou *touè*, fréquents dans le discours québécois familier et populaire, ne sont que des réminiscences d'une ancienne norme qui n'a définitivement perdu son prestige qu'au tournant de la Révolution française. La prononciation en **wa** est apparue à Paris au début du XIVe siècle; d'origine populaire, elle sera longtemps critiquée. L'avènement

Les partisans de la Révolution française ne sont pas des miséreux mais portent le pantalon du peuple au lieu de la «culotte» comme les gens riches. On les appelle donc les «sans-culottes».

MICHAEL GAUMNITZ, FAMILLE SANS-CULOTTES, *1989.*

Source : Hervé Fischer, Bicentenaire de la Révolution française, Cité des arts et des nouvelles technologies de Montréal

de l'usage de la bourgeoisie parisienne (qui avait largement adopté la nouvelle prononciation) comme nouvelle norme compte parmi les bouleversements apportés par la Révolution de 1789. À partir de cette époque, la prononciation en **wé** ou **wè** (**wè** était auparavant la mieux reçue) fait «Ancien Régime». Bien sûr, la société québécoise n'a pas tout de suite ressenti les effets du changement – bien que cette prononciation était déjà attestée au Québec – et il faudra l'influence de l'école et de l'élite restée en contact avec la société française pour l'imposer dans l'usage soigné.

L'apport des parlers provinciaux

Les visiteurs français en provenance des régions de l'ouest, du nord-ouest et du centre de la France seront surpris de reconnaître dans le parler québécois quelques emplois qui sont connus également dans leur français régional. Dans plusieurs cas, il s'agit de reliques des anciens dialectes et patois des provinces françaises qui ont été conservées des deux côtés de l'Atlantique.

Un touriste de la Normandie pourra se sentir chez lui s'il entend un garçon de Québec demander à un autre: *penses-tu que je vas achaler Chantal si je lui donne un bec?* déjeunant dans une auberge, il comprendra sans peine le mot *beurrée* (de confiture, de beurre d'arachides...) au sens de «tartine». Il décodera aussi facilement *chemise carreautée*... Tout comme bien des gens de nombreuses régions de France, il se sentira en terrain connu si on lui demande de *barrer* ou de *débarrer* une porte. Pour sa part, une Charentaise reconnaîtra des mots qu'elle croyait peut-être exclusifs à son coin de pays, comme *chérant*, *écrapoutir*, *garrocher*, *siler* et *trâlée*. Même chose pour un Tourangeau à qui les mots *sieau* et *icite* ne seront pas inconnus.

Cette estampe de la fin du XVIIIe *siècle fournit, par les paroles accompagnant chacune des scènes, un échantillon de la langue que l'on parlait dans la capitale. Ce français commun dont la formation remonte au Moyen Âge, se définissait par deux pôles, l'oral et le populaire d'un côté, l'écrit et le savant de l'autre. Il a servi de fondement à la langue aujourd'hui utilisée en France.*

J'APORTE DE L'ARGENT, *XVIII*[e] *S.*

Estampe. Bois de fil colorié au pochoir sur papier vergé.

Musée National des Arts et Traditions Populaires, 78. 28. 3. Photo: D. Adam

L'héritage des parlers provinciaux dans le français québécois s'est amenuisé au cours du dernier siècle, au rythme de l'urbanisation de la population, puisqu'une bonne part des mots concernés relevait particulièrement du vocabulaire rural. Quelques traits de prononciation ainsi que de vocabulaire décrivant des comportements, des traits de caractère et des réalités non rurales ont été préservés plus facilement.

L'influence des langues étrangères

Aux XIXe et XXe siècles, la présence d'anglicismes est un des aspects du français québécois que remarquent le plus les visiteurs étrangers. Au siècle précédent, une autre influence retenait l'attention des Européens de passage parmi les francophones canadiens : celle des langues amérindiennes. Ce n'est pas qu'elle était considérable, mais elle donnait une couleur particulière au discours des Québécois de l'époque.

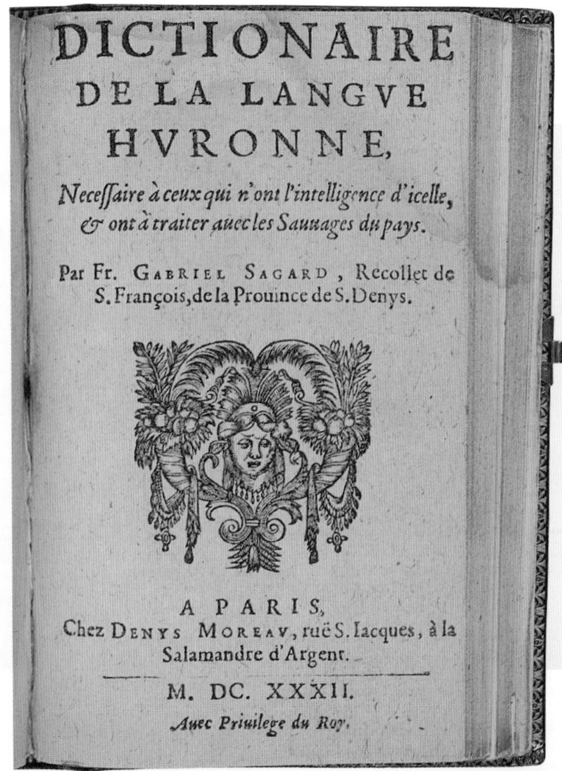
DICTIONAIRE
DE LA LANGVE
HVRONNE,
Necessaire à ceux qui n'ont l'intelligence d'icelle, & ont à traiter auec les Sauuages du pays.
Par Fr. GABRIEL SAGARD, Recollet de S. François, de la Prouince de S. Denys.
A PARIS,
Chez DENYS MOREAV, ruë S. Iacques, à la Salamandre d'Argent.
M. DC. XXXII.
Auec Priuilege du Roy.

En Nouvelle-France, les Autochtones et les Français ont entretenu des relations, particulièrement dans le cadre du commerce d'échange, surtout celui des fourrures. De plus, le travail d'évangélisation entrepris par les missionnaires de différents ordres a suscité un immense travail d'apprentissage des langues autochtones par ces derniers. Par conséquent, des « traitants » et des missionnaires ont dû apprendre ne serait-ce que des rudiments d'une ou de plusieurs langues locales ; certains sont devenus plus ou moins bilingues ou polyglottes, facilitant ainsi l'entrée de vocables amérindiens en français. La fréquentation des Amérindiens est demeurée une donnée constante de la culture de bon nombre de Québécois jusqu'au XIXe siècle.

Ha

Deſcouure-toy , oſte ton bonnet , ton chapeau.
Onouhoiroiſca.
Deſpoüille ton habit.
Sakiatariſca.
Deſchauſſes-toy.
Saracoindétaſca.
Deſchauſſe tes bras.
Sathriſca.
Ie me déueſt.
Atoutaret.
Ie deſchauſſe mes bas, 3.per.
Athriſca
Ie deſchauſſe mes ſouliers, 3.per.
Oracoindettaſca.
Ça, ie tireray ta chauſſe. *Oruiſca.*

Ha

Habits, peaux.

Robe neuue.
Enondi eindaſet.
Elle eſt neuue, int.

Ha

Eindaſſet.
Robe vieille.
Endocha.
Robe noire.
Ottày.
Robe matachiée.
Acotchahouy.
Vne peau.
Andéuha.
Peaux de cerfs.
Sconoton andéuha.
Voila vne belle peau
Andéuha vhaſté.
Bonnet, chapeau.
Onouoirocha.
Manches.
Outacha.
Manches de peaux d'Ours.
Agnonoincha.
Gands, mitaines.
Ingyoxa.
Ceinture. *Ahouiche.*
Brayer. *Aruiſta.*
Bas de chauſſes.
Ariche.
Souliers.
Araſſicu.

Le vocabulaire des Québécois contient quelques emprunts aux langues amérindiennes. Cela constitue l'un des traits les plus originaux de la langue québécoise.

Fr. Gabriel Sagard, *Dictionnaire de la langue huronne,* Denys Moreau, Paris, 1632.
Musée de la civilisation, bibliothèque du Séminaire de Québec, fonds ancien, 23.7.1. Photo : Jacques Lessard

Ces contacts relativement fréquents ont favorisé sans doute l'intégration de termes amérindiens pour désigner des réalités concrètes et nouvelles du point de vue des Québécois. Malgré leur importance dans l'histoire du Québec, les Iroquois et les Hurons — dont les langues sont étroitement apparentées — ont laissé peu de mots en français, notamment *atoca* et *ouaouaron*. L'essentiel des emprunts provient de langues algonquiennes, c'est-à-dire apparentées à l'algonquin. En effet, c'est avec des locuteurs de ces langues, surtout des Abénaquis, des Algonquins, des Outaouais et des Montagnais, que les Français du Québec ont entretenu les rapports les plus étroits.

Quelques-uns de ces emprunts sont toujours usuels en français québécois, notamment *atoca* et *ouaouaron*, *achigan*, *maskinongé*, *babiche*, *carcajou* «glouton», *caribou*, *pékan* «grande martre à pelage foncé», *chicouté* «airelle des marais», *manitou* «grand esprit; Dieu», *pacane* «espèce de noix», *pimbina* «espèce

Ce fjord est large de deux kilomètres et profond de 300 mètres. Il pénètre également jusqu'à cent kilomètres à l'intérieur des terres.

FJORD DU SAGUENAY.
Photo : Kedl

de viorne ; son fruit » et *savoyane* « coptine à trois feuilles, plante médicinale », et ce, parce qu'ils renvoient à des réalités qui sont encore actuelles (du moins, pour certaines personnes) ou qui ont acquis une valeur historique. Plusieurs amérindianismes ont en revanche connu une vie plus courte ; soit parce qu'ils ont été remplacés par un autre terme, soit parce que les réalités qu'ils désignaient sont devenues désuètes ou ont carrément disparu. Mais l'apport des langues amérindiennes au français du Québec est resté très présent jusqu'à nos jours dans la toponymie. On n'a qu'à penser à *Abitibi, Canada, Chicoutimi, Kamouraska, Oka, Québec, Rimouski, Saguenay, Tadoussac, Témiscouata*, etc[6].

L'influence de l'anglais

Depuis la Conquête de 1760 (sanctionnée en 1763), la présence de la langue anglaise dans l'environnement des Québécois n'a cessé de croître. On ne peut nier que le contact entre l'anglais et le français a laissé des traces très importantes sur ce dernier. À maints égards, ce phénomène ressemble malgré tout à celui de l'anglicisation de plusieurs langues du monde, dont le français européen, mis à part quelques aspects qui lui sont plus particuliers, notamment son intensité et l'attitude générale des Québécois à son endroit. Alors qu'en France l'emprunt à l'anglais (qui a aussi augmenté à partir du XVIIIe siècle) a longtemps été plutôt bien accepté, il est au contraire décrié depuis au moins le début du XIXe siècle au Québec.

Cette œuvre se trouve à l'Assemblée nationale du Québec dans l'hôtel du Parlement.
Charles Huot. Débat relatif au statut des langues francaise et anglaise, à la séance du 21 janvier de l'Assemblée législative du Bas-Canada, *1793. (Détail)*.
Archives nationales du Québec à Québec

Vue par plusieurs Québécois comme une menace à l'intégrité de leur langue, l'influence anglaise est depuis longtemps combattue[7]. Les anglicismes sont, autant que possible, évités dans le discours soigné, notamment dans la langue écrite ; mais, bien entendu, ce filtrage est tout relatif puisque certains anglicismes soulèvent peu de critiques parce qu'ils sont irremplaçables (*caucus* « réunion à huis clos entre députés d'un même parti politique »), voire tout à fait inconscients chez la majeure partie des locuteurs : *centre d'achats* (*shopping center*) « centre commercial ». À ce sujet, on peut remarquer qu'un certain nombre

Certains militants nationalistes ont changé le mot anglais « stop » en « 101 ». Le gouvernement de René Lévesque avait comme priorité politique la langue. La loi 101 a comme but de permettre aux Québécois de vivre et de s'épanouir en français. Cette charte couvre un vaste éventail de l'emploi du français dans la société, dont l'imposition de l'unilinguisme français dans l'affichage commercial.

Photo : Françoise Tétu de Labsade

d'emprunts ont été intégrés sous forme de traductions (calques), ce qui leur donne une apparence française et les rend plus acceptables pour la plupart des francophones dans plusieurs des situations de communication. Alors, on préfère parler de *fin de semaine* plutôt que de *week-end* (ce dernier fait cependant des gains au Québec depuis quelques années, surtout dans la langue des médias), de *gomme à mâcher* au lieu de *chewing-gum*, et de *carré* plutôt que de *square*. Dans la langue familière, certains calques ont carrément évincé des locutions françaises : *prendre une marche* (*to take a walk*) est plus fréquent que *faire une marche*, *une promenade*.

Il faut tout de même remarquer qu'un immense travail de refrancisation des vocabulaires spécialisés et techniques, les plus touchés par l'influence anglaise, a été entrepris, notamment par l'Office de la langue française à compter des années 1960. En ce qui

En 1960, un frère mariste lance un cri d'alarme et dénonce la pauvreté du français au Québec. Il déclare « nos élèves parlent joual parce qu'ils pensent joual, et ils pensent joual parce qu'ils vivent joual ». Il appelle à une réforme du système d'éducation. Le joual, qui utilise un vocabulaire français pauvre et anglicisé, sert surtout à la communication orale.

Jean-Paul Desbiens, *Les Insolences du frère Untel*, Éditions de l'homme, 1960.
Source : Françoise Tétu de Labsade

concerne la langue générale, c'est le parler populaire, surtout celui des centres urbains, qui a été le plus affecté ; le mot *joual*, surtout en vogue dans les années 1960 et 1970, sert d'ailleurs à dénommer, de façon péjorative, le parler populaire anglicisé.

Le Français qui débarque au Québec aura l'occasion d'entendre des mots d'origine anglaise dans le discours familier d'un peu tout le monde : un *char* (influence sémantique de *car*), *charger* « demander un prix, un tarif » (d'après *to charge*), *checker* « vérifier ; regarder » (adaptation du verbe *to check*), une *mop*, un *muffler*, un *truck*, etc. Il entendra également des anglicismes qui sont désormais connus chez lui, quelques-uns surtout parmi les jeunes, preuve que l'influence anglaise est un peu la même dans de nombreux pays de culture occidentale : *beat*, *boss*, *break*, *cheap*, *clean*, *cool*, *finaliser*, *fun*, *job* (souvent au féminin), *staff*, *trip*, etc. Tous ces emplois ont pénétré la langue par le biais du commerce, du monde du travail (jusqu'à nos

L'anglais était partout présent dans les commerces. Des enseignes anglaises pour une clientèle française.

Gravure : Quebec Engraving Co.
Archives nationales du Québec à Québec

jours, l'anglais est demeuré une langue de travail importante) et par l'ensemble des activités sociales et culturelles. D'une façon ou d'une autre, toutes ces voies de pénétration impliquent des rapports directs entre francophones et anglophones, rapports dont la multiplication est favorisée par le contexte nord-américain.

L'innovation

La «transplantation» des langues européennes (anglais, espagnol, français...) en sol américain a invariablement eu comme conséquence l'adaptation de ces dernières à ce nouveau milieu, différent de l'Europe à bien des égards. Le français a donc dû s'adapter pour désigner de nouvelles réalités naturelles, culturelles et sociales. Cette adaptation s'est faite en partie par l'emprunt de termes à des langues locales, mais surtout par le biais de l'innovation lexicale. Cette innovation se traduit par la création de sens nouveaux à des mots préexistants, de mots nouveaux (mots simples ou composés), d'expressions nouvelles et de valeurs nouvelles (connotations, domaines d'emploi).

«La langue française, c'est la terre que je laboure, c'est le fer que je forge, c'est le pain que je pétris et le bois que je sculpte, c'est ma palette de peintre et mon instrument de musique, c'est ma passion, c'est ma religion, ma rime et ma raison: en un mot, c'est ma vie, et je me battrai pour elle tant que je vivrai. J'ai appris à parler d'autres langues, mais il n'y en a qu'une dans laquelle j'aurais pu écrire:
J'aurais voulu être un artiste
Pour pouvoir dire pourquoi j'existe.»

Extrait de l'allocution de Luc Plamondon, lauréat du Mérite français dans la culture, 1996.
Photo: Josée Lambert

Quoi qu'il en soit, l'innovation ne doit pas être toujours expliquée en termes d'adaptation à un nouveau milieu. La vivacité de la langue et sa dynamique interne provoquent des changements de connotation, la création de mots ou sens nouveaux, ainsi que de tournures originales, uniquement pour répondre à d'incessants besoins d'expressivité. Le mouvement de renouvellement continu de la langue est responsable de bien des différences entre le français québécois et celui de France.

La venue des véhicules automobiles rend nécessaire le déneigement des rues en hiver. Ce lourd véhicule, équipé d'un long tuyau recourbé, permet de projeter la neige à distance pour libérer les voies de circulation.

SOUFFLEUSE.

Photo : George A. Driscoll. Archives nationales du Québec à Québec

Inventée au Québec par Joseph-Armand Bombardier, la motoneige est un véhicule de locomotion très pratique en hiver. Des centaines de milliers de kilomètres de sentiers de motoneige ont été aménagés pour le plus grand plaisir des adeptes.

BALADE EN MOTONEIGE.
Tourisme Québec

Le recours à l'analogie a été fréquent lorsqu'il s'est agi de nommer des végétaux et des animaux du continent nord-américain. Effectuées souvent de façon inconsciente, ces identifications se sont rapidement généralisées dans l'usage canadien. Ainsi, *chevreuil* est le nom familier du cerf de Virginie, animal ayant quelque ressemblance avec le chevreuil européen.

Les inventions techniques (québécoises ou non) ainsi que les développements artistiques, commerciaux ou industriels originaux ont également généré de multiples néologismes de forme et de sens pour les désigner: *acériculture* «culture de l'érable à sucre en vue de la production de sirop, de sucre, etc.» (et *acériculteur*), *carriole* «voiture d'hiver sur patins bas», *motoneige* (créé sur le modèle de *motocyclette*), *souffleuse (à neige)* «chasse-neige qui projette la neige à

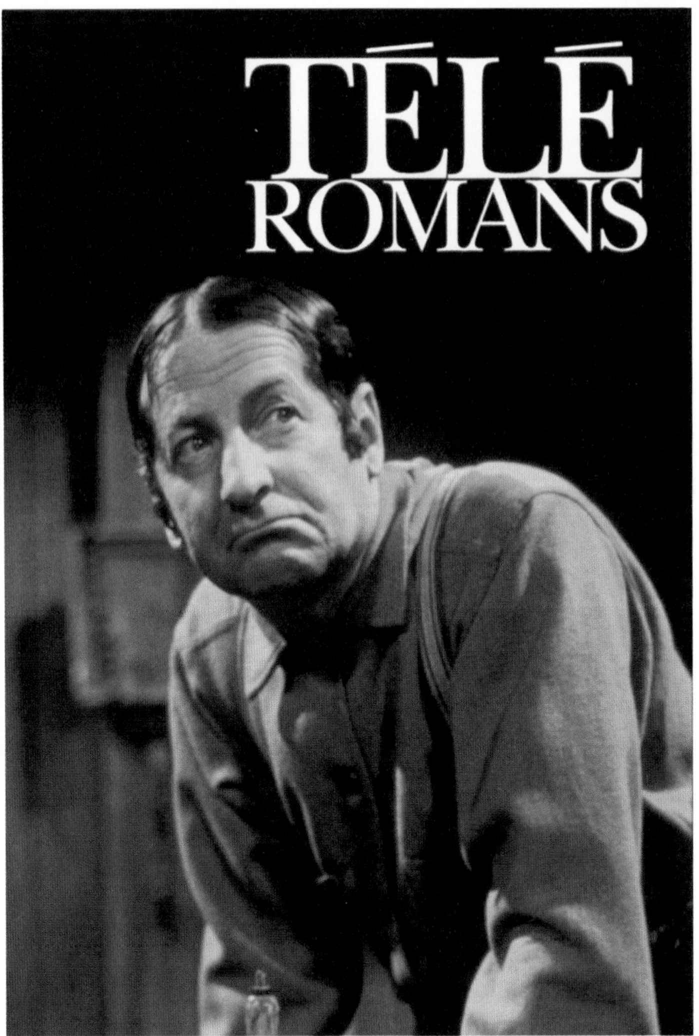

L'homme représenté sur le carton d'invitation illustre un des personnages favoris du téléroman québécois Les Belles Histoires des pays d'en haut. *Séraphin Poudrier était avare et, depuis, les gens désignent du nom de «séraphin» une personne affublée de ce vice. Le personnage était joué par le comédien Jean-Pierre Masson.*

Carton d'invitation pour l'exposition *Téléromans* qui a eu lieu au Musée de la civilisation, 1996.

Musée de la civilisation. Avec l'aimable autorisation de la succession de Jean-Pierre Masson

distance», *dépanneur* «petite épicerie demeurant ouverte au-delà des heures d'ouverture des grands magasins et offrant surtout des produits de consommation courante», *téléroman* «feuilleton télévisé», *traversier* «ferry», etc.

L'innovation fait flèche de tout bois

La matière de base de l'innovation, qu'elle soit sémantique ou lexicale, n'est pas seulement le fonds du vocabulaire français, mais l'ensemble du lexique disponible aux locuteurs du français québécois: les mots d'origine dialectale et même les mots empruntés à d'autres langues. Par exemple, en plus de l'animal, *caribou* désigne une boisson traditionnelle faite d'un mélange de vin rouge et d'alcool. Quant aux procédés de création lexicale, les mêmes au Québec et en France, ils sont tous mis à profit.

La prononciation innove aussi

La façon de prononcer des Québécois a évolué depuis trois cents ans. Des tendances de prononciation trouvant leur origine dans des dialectes ou dans le français de jadis ont disparu ou, du moins, ont périclité. Par contre, d'autres se sont maintenues ou ont pris de l'expansion. Il s'agit notamment des phénomènes d'assibilation et de diphtongaison. On ne peut affirmer que ces tendances sont des «créations québécoises», puisqu'elles plongent leurs racines dans l'histoire de la prononciation de l'ensemble des parlers galloromans; d'ailleurs elles sont attestées dans quelques patois, de façon plus ou moins ponctuelle cependant. L'assibilation existe dans d'autres parlers français ou d'origine française, par exemple en créole haïtien. Ces deux tendances ont pris une expansion remarquable au Québec au cours des ans et contribuent ainsi à la caractérisation du français québécois par rapport aux autres variétés de français.

L'assibilation consiste à laisser entendre un petit sifflement (comme le son **s** ou **z**) après le son **t** et le son **d** lorsque ceux-ci sont suivis des voyelles **i** et **u** (et de leurs semi-voyelles correspondantes). *Lundi* et *tu* sont prononcés $lund_{z}i$ et $t_{s}u$. Elle est socialement acceptée et n'est pas évitée en langage soigné.

Ce daguerréotype a été commandé par Alfred Chalifoux, un tailleur de Montréal, pour symboliser la reprise de contact entre la France et la Nouvelle-France. Le commandant Paul-Henri de Belvèze, de La Capricieuse, *le premier vaisseau de guerre français depuis la Conquête de 1760, devait présenter ce daguerréotype à l'impératrice Eugénie. Ces petits personnages rappellent saint Jean-Baptiste, patron du Canada, le chef sauvage qui accueillit les Français à Hochelaga (Montréal) et Jacques Cartier, découvreur du pays. Enfin, pour relier le passé au présent, un jeune Canadien, portant les couleurs de la France, est prêt à rejoindre ses frères aînés à Sébastopol.*

THOMAS COFFIN DOANE. ALFRED CHALIFOUX ET QUATRE GARÇONS EN COSTUMES D'ÉPOQUE REPRÉSENTANT «TOUS LES SOUVENIRS RELIGIEUX ET PATRIOTIQUES DES CANADIENS FRANCAIS», *JUIN-JUILLET 1855.*
Daguerréotype, demi-plaque. 108 x 140 mm.
Archives nationales du Canada, PA139333

La diphtongaison consiste à faire changer une fois le timbre d'une voyelle pendant sa production. Ce phénomène, qui touche les voyelles longues, se traduit par la prononciation des mots *père*, *pêche* et *pâle* comme *pa*^{è}*re*, *pa*^{è}*che* et *pa*^{o}*le*. Il est assez dévalorisé par l'ensemble des locuteurs et caractérise surtout les registres populaire et familier.

Conclusion

Dans ce petit tour d'horizon, tout n'a pu être dit sur le français québécois, les subtilités de son vocabulaire et les caractéristiques de son accent. Nous avons tenté de jeter un peu de lumière sur une réalité qui peut paraître étrange à bien des gens, celle d'un français d'outre-mer, à la fois si différent et si semblable à celui de France.

Le français commun était bien implanté dans les villes de grande et de moyenne importance. Mais plus on s'éloignait de Paris, moins fort était l'usage, et les dialectes avaient cours parmi la majorité de la population. Les cris de Paris sont les appels des marchands ambulants parisiens.

DU MOURON, DU SÉNCON POUR LESC PETITS OISEAUX.
Gravure sur cuivre.
Musée National des Arts et Traditions Populaires, 77.1.802.
Photo : A. Guey

Le drapeau du Québec est levé sur la Place du Québec à Paris lors de son cinquantenaire. Il côtoie l'abbaye de Saint-Germain-des-Prés. Ce drapeau fleurdelisé fait consensus au Québec, quelle que soit l'allégeance politique.

Délégation générale du Québec à Paris. Photo : Bertrand Sylvain

En résumé, le français québécois est le produit de l'évolution constante qu'a poursuivie un français populaire des XVIIe et XVIIIe siècles transplanté en Amérique et auquel étaient intégrés dès le départ divers emplois dialectaux provenant surtout des parlers de l'ouest et du nord-ouest de la France. Ce français, passablement conservateur, a néanmoins été presque constamment influencé par la norme parisienne, à des intensités diverses selon les époques. Il a intégré quelques mots que lui ont transmis les Amérindiens et il a subi une influence anglaise assez considérable dans plusieurs secteurs de son vocabulaire. Finalement, il a beaucoup innové.

La conséquence directe de ce destin particulier est qu'aujourd'hui la langue française unit les Québécois aux Français autant qu'elle les en sépare. Le français permet aux deux communautés de se comprendre, tout comme il souligne leur originalité. Libre à chacun de s'en réjouir ou de le déplorer; d'ailleurs, la spécificité de leur langage occasionne une forte insécurité, voire un sentiment d'infériorité linguistique chez certains Québécois. De toute façon, rien ne pourrait amener un Montréalais ou un Chicoutimien à parler comme un Lyonnais (à moins de s'installer à Lyon, et encore...), ou bien un Parisien à parcourir le jardin du Luxembourg en devisant comme un Québécois. Chacun est attaché à son idiome comme à une partie de lui-même. Rien n'est plus normal et il n'y a pas lieu de s'en inquiéter, d'autant plus que les particularités de la langue de Leclerc (et des autres...) sont loin de constituer une barrière infranchissable pour un francophone d'Europe (pas plus que celles de la langue d'un habitant de *Paname* ou de Marseille pour un Québécois). Des éclaircissements peuvent lui être nécessaires, son oreille doit s'habituer à une phonétique différente, à une autre musicalité, mais le fond de ce qu'il entend demeure résolument français.

La question des formes féminines de titres et de fonctions suscite de nombreuses interrogations et fait l'objet de tentatives méritoires pour en arriver à une certaine cohésion. La ministre québécoise Louise Beaudoin estime «qu'il est légitime qu'une femme qui occupe une fonction veuille porter un titre au féminin». Les ministres françaises ont défié le code grammatical et proclamé la féminisation de leur titre. L'Académie française n'est pas de cet avis.

Louise Beaudoin, ministre des Relations internationales.
Délégation générale du Québec à Paris. Photo: Bertrand Sylvain

À l'heure du village global, jamais la communication n'a-t-elle été aussi facile et intense entre le Québec, la France et le reste de la francophonie. Les destins de toutes les variétés de français du monde sont dorénavant liés. Pour peu que ces nouveaux rapports entre les nations francophones durent et se renouvellent, la compréhension réciproque ne pourra que se maintenir, peut-être même s'accroître. Soulignons que les registres soignés de chaque communauté convergent et forment ce qu'il est convenu d'appeler le français international, et ce, malgré les tendances évolutives propres à chaque variété : on n'a qu'à penser au langage des banlieues qui commence à faire sentir son influence sur la langue générale en France et sur la lente émergence d'une norme proprement québécoise (un signe parmi d'autres, la féminisation des titres qui est plus poussée et acceptée au Québec : *auteure, ingénieure, écrivaine* y sont devenus tout à fait courants). À la vérité, la variation, à laquelle toute langue est sujette, peut être vue non comme l'annonce d'une inéluctable ghettoïsation, mais plutôt comme un gage de richesse culturelle. N'oublions pas qu'on peut voyager non seulement en traversant l'Atlantique, mais en découvrant d'autres avenues que la langue a empruntées en se développant.

La langue de chez nous

Yves Duteil

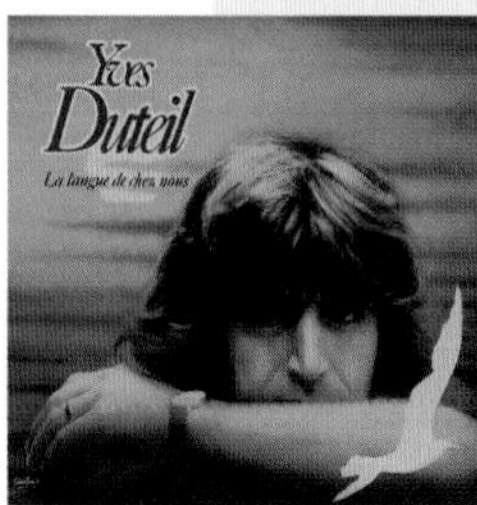

C'est une langue belle avec des mots superbes
Qui porte son histoire à travers ses accents
Où l'on sent la musique et le parfum des herbes
Le fromage de chèvre et le pain de froment

Et du Mont-Saint-Michel jusqu'à la Contrescarpe
En écoutant parler les gens de ce pays
On dirait que le vent s'est pris dans une harpe
Et qu'il en a gardé toutes les harmonies

Dans cette langue belle aux couleurs de Provence
Où la saveur des choses est déjà dans les mots
C'est d'abord en parlant que la fête commence
Et l'on boit des paroles aussi bien que de l'eau

Les voix ressemblent aux cours des fleuves et des rivières
Elles répondent aux méandres, au vent dans les roseaux
Parfois même aux torrents qui charrient du tonnerre
En polissant les pierres sur le bord des ruisseaux

C'est une langue belle à l'autre bout du monde
Une bulle de France au nord d'un continent
Sertie dans un étau mais pourtant si féconde
Enfermée dans les glaces au sommet d'un volcan

Elle a jeté des ponts par-dessus l'Atlantique
Elle a quitté son nid pour un autre terroir
Et comme une hirondelle au printemps des musiques
Elle revient nous chanter ses peines et ses espoirs

Nous dire que là-bas dans ce pays de neige
Elle a fait face aux vents qui soufflent de partout
Pour imposer ses mots jusque dans les collèges
Et qu'on y parle encore la langue de chez nous

C'est une langue belle à qui sait la défendre
Elle offre les trésors de richesses infinies
Les mots qui nous manquaient pour pouvoir nous comprendre
Et la force qu'il faut pour vivre en harmonie

Et de l'Île d'Orléans jusqu'à la Contrescarpe
En écoutant chanter les gens de ce pays
On dirait que le vent s'est pris dans une harpe
Et qu'il a composé toute une symphonie

Et de l'Île d'Orléans jusqu'à la Contrescarpe
En écoutant chanter les gens de ce pays
On dirait que le vent s'est pris dans une harpe
Et qu'il a composé toute une symphonie.

(à Félix)

Le français québécois

Claude Poirier
(Propos recueillis)

Claude Poirier est directeur du centre de recherche Trésor de la langue française au Québec (Université Laval). Le Dictionnaire historique du français québécois *(1998) vient de paraître sous sa direction.*

CLAUDE POIRIER.
Vidéo interactif réalisé en 1999
par Luc Courchesne

Est-ce que les Québécois parlent «joual»?

Les plus pessimistes qualifient le français du Québec de «joual». Le terme convient très mal pour moi, car le joual réfère à une réalité très précise. Je dis qu'au Québec on parle un français qui s'appelle le français québécois. Le parler joual est une appellation qui réfère à un mouvement culturel, politique et idéologique des années 1960 et du début des années 1970. Il s'agissait d'un mouvement de grandes revendications, à la fois contre les Anglais, qui nous oppressaient du point de vue politique, et contre les Français dont on sentait le poids un peu fort du point de vue culturel. Je dirais que le mouvement joual, c'est quelque chose d'intellectuel parce qu'on le retrouve à travers les productions artistiques.

C'est dans les années 1960 qu'on parle vraiment de joual. C'est qu'il y a tout à coup une sorte de valeur sociale qui s'ajoute. De plus, la société décide que cette variété de langue est une variété à mettre un peu à part: il ne faut pas l'exposer officiellement en public. Ce n'est plus ce qui convient. Donc, pour parler de joual, il faut vraiment mettre ensemble trois éléments: un fond traditionnel de français ancien, qui est d'origine populaire; un fond d'anglicismes, qui est beaucoup plus fréquent chez les ouvriers qui désignent les choses concernant leur travail avec des mots anglais; enfin un jugement social qui n'était rendu possible qu'à partir du moment où notre société se prenait en main, que le niveau d'éducation augmentait, qu'il y avait un véritable État québécois qui se constituait.

Le mouvement culturel joual est tout à fait sain. On avait besoin d'exprimer une fois pour toutes ce désarroi en même temps que cet état d'écrasement que les Québécois sentaient par rapport aux deux puissances très importantes qui nous oppressaient: les Anglais, qui nous tenaient du point de vue politique, et les Français, qui exerçaient sur nous, sans forcément le vouloir, une pression du point de vue culturel. Le Québécois n'est plus un Français. Sa langue traduit cette différence qui est inévitable.

Troisième partie

Allers et retours entre les cultures

Montréal et Paris, physiquement distantes de plusieurs milliers de kilomètres, ont été reliées par un tunnel virtuel. De chaque côté de l'océan Atlantique, deux personnes ont pénétré aux deux extrémités d'un tunnel virtuel reliant le Musée d'art contemporain de Montréal au Centre Georges-Pompidou de Paris. De chaque côté de l'océan, un groupe de spectateurs assistait sur un écran géant à la progression et aux échanges des deux explorateurs. La liberté d'exploration permettait aux utilisateurs de rechercher des fragments d'images dont ils n'avaient aperçu que certains détails.

Extérieur du tunnel. Le tunnel sous l'Atlantique, *1995.*
Événement de télévirtualité par Maurice Benayoun.

Progressivement, au fil de leur avancée l'un vers l'autre, la surface du couloir du tunnel révèle aux utilisateurs des strates iconographiques. Ces découvertes alimentent le dialogue entre les deux protagonistes. Cinq cents images appartenant au passé commun de la France et du Canada tissent une immense tapisserie de Bayeux numérique : des caribous, des fortifications, Jacques Cartier, Champlain, des Indiens, des drapeaux, des batailles.

Intérieur du tunnel. Le tunnel sous l'Atlantique, *1995.*
Événement de télévirtualité par Maurice Benayoun.

1 De la tradition française à l'espace francophone

Laurier Lacroix

Une mutation profonde, une transformation radicale caractérisent au cours des quatre derniers siècles les rapports qu'ont entretenus la France et le Québec dans le domaine des arts plastiques. Un système d'abord unifié et cohérent s'est modifié en des ensembles multiples, souvent isolés, complexes et polysémiques. La cohésion originelle n'était pas factice puisque le Canada, au XVIIe siècle, est une partie de la France: manifestation coloniale en terre américaine d'un pouvoir monarchique et catholique. Quatre cents ans plus tard, les deux entités politiques et culturelles vivent des défis qui les rattachent davantage à leur continent respectif qu'à leur lointain passé commun. La construction idéologique du concept de francophonie assure cependant un lien privilégié mais fragile, puisque fondé sur la diplomatie et des rapports de force économiques.

L'Exposition universelle de 1967 de Montréal fut un événement capital pour l'affirmation internationale du Québec contemporain et ses retombées demeurent incalculables. Le pavillon de la France a été transformé en machine à sous par le gouvernement québécois qui y loge le Casino de Montréal. L'imposante sculpture d'Étienne Martin présentée à l'entrée du pavillon français a maintenant trouvé sa place devant le Musée du Québec récemment agrandi.

ÉTIENNE MARTIN (1913-1995). DEMEURE III, *1960.*
Bronze. 214 x 446 x 402 cm. Don de Messieurs Michel Bovo, Champlain Charest, Simon Charlebois, A. Halim Mheir, Henri Martin, Pierre C. Milette, Alexis Pagacz et Claude Vallée.
Musée du Québec, 93.145. Photo: Patrick Altman

Pour contrecarrer le pouvoir des jésuites, Louis XIV *donne raison à l'intendant Jean Talon et autorise le retour des récollets en Nouvelle-France. Pendant son séjour de 15 mois, en 1670-1671, le frère Luc participe à l'effort d'implantation de la communauté et réalise plusieurs tableaux susceptibles de marquer la présence franciscaine en Amérique.*

Frère Luc (Claude François) (1614-1685). La Sainte Famille à la huronne, *vers 1670.* Huile sur toile. 111 x 97 cm.
Collection des Ursulines de Québec

Il ne saurait s'agir entre la France et le Québec de relations d'égal à égal, même si des échanges réguliers sont nourris par des intérêts réciproques, des contacts suivis, mais d'intensités différentes selon les périodes historiques. Le Québec étant dans la position d'une colonie, puis d'un état périphérique et marginal par rapport à la France, à la fois mère patrie et pays dominant dans le secteur culturel francophone et dans le milieu des arts plastiques.

Certes, la France n'occupe pas le monopole de cet intérêt des artistes québécois pour des influences et des modèles étrangers. L'Angleterre, l'Italie, les États-Unis et le Mexique, entre autres, ont été aux XIXe et XXe siècles des pôles d'attraction. Les liens particuliers et spécifiques que le Québec entretient avec la France placent cependant ces rapports sur un plan unique tant par leur fréquence que par leur vivacité. Les particularités culturelles qui ont défini leur relation originelle (idéologies partagées face à la langue, à la littérature, à la religion, à la philosophie, au droit, etc.), renforcées par des liens historiques, économiques, mais surtout individuels ont grandement marqué le développement de l'art au Québec.

La France a principalement été la pourvoyeuse de modèles, de styles, de sujets iconographiques jusqu'au XXe siècle. C'est vers la France que les artistes se sont tournés pour acquérir une formation qui leur fournirait un label de reconnaissance local; et c'est de France que l'on a fait venir les artistes et intellectuels susceptibles de fonder, de diriger ou d'enseigner dans les institutions artistiques québécoises. C'est de France encore que l'on a attendu une forme de bilan critique lors d'expositions, et la vie dans ce pays semble tellement séduisante que plusieurs créateurs ont subi cet attrait et ont choisi d'y résider et d'y travailler. Pour sa part, le Québec fournissait à ses «cousins» d'outre-Atlantique un marché secondaire pour diffuser l'art français ainsi que l'objet d'un perpétuel émerveillement face à l'exotisme et la démesure de l'espace, la vitalité et la courtoisie déférente de ses créateurs.

Entre 1885 et 1914, une majorité d'artistes québécois fréquente les écoles d'art parisiennes et y produisent leurs premières œuvres d'importance. Lors de son 3e séjour à Paris, de 1904 à 1907, Suzor-Coté retrouve son atelier de l'impasse Ronsin à Montparnasse. L'artiste pose fièrement devant un éventail de ses réalisations : académies, commandes de portraits et de copies, paysages observés sur le vif et scènes de genre. Sur la gauche, son premier essai en sculpture, une ébauche pour un tableau à sujet historique, La Mort de Montcalm, *prévu pour l'ornementation du Parlement.*

SUZOR-COTÉ DANS SON ATELIER À PARIS, *1904.*
Papier albuminé collé sur carton.
Musée de la civilisation, dépôt du Séminaire de Québec, 1993.24079. Photo : non identifié

L'art créé au Québec n'est cependant pas assimilable à celui de France et des particularités permettent d'identifier de façon non équivoque l'art du Québec. Avant la fin du XIXe siècle, les signes de cette distinction, de l'autonomie de l'art québécois ont d'abord été définis par la façon dont il s'éloignait des normes académiques ou d'avant-garde, des critères qui permettaient de nommer l'art français, dominant sur la scène internationale du XVIIe au début du XXe siècle. Cette différence dans l'art au Québec, encore trop souvent perçu comme un sous-produit et qualifié d'aliéné par rapport aux modèles français, résultait bien sûr de la distance géographique et socio-intellectuelle qui a permis l'émergence d'une culture autre. Des normes esthétiques différentes, une formation artistique limitée, des modèles rares et combinés à ceux offerts par d'autres cultures, une émulation réduite, la précarité des structures de réception et de diffusion ont permis l'éclosion d'un art distinct, que l'on peut certes qualifier par la négative, mais qui répond à sa spécificité, même si le capital d'intérêt dont il dispose dans le champ de l'histoire de l'art est limité. Le conservatisme des formes et des sujets, une américanité — entendons la présence d'une culture populaire —, des conditions de production précaires et un statut de l'art socialement peu valorisé sont quelques-unes de ces caractéristiques et conditions qui empêchent de confondre l'art historique du Québec français avec l'art en France.

À partir de 1888, la carrière de Henri Beau se déroule presque uniquement en France, même s'il maintient des contacts réguliers avec le marché canadien. Son interprétation de la nature est marquée par l'impressionnisme qui fut également diffusé au Québec par Maurice Cullen et Suzor-Coté. Ces artistes cherchèrent à saisir la spécifité des effets de la lumière laurentienne au cours des différentes saisons.

Henri Beau (1863-1949). DÉJEUNER SUR L'HERBE, *1905.*
Huile sur toile. 72,5 x 92,5 cm.
Musée du Québec, 86.43. Photo : Patrick Altman

Cinquante ans qui font la différence

Depuis les cinquante dernières années l'on assiste au Québec à l'émergence d'une pratique artistique relativement plus autonome par rapport aux modèles étrangers, pratique fondée sur l'acceptation d'une identité de l'hétérogénéité qui intègre des composantes ethniques, linguistiques et culturelles multiples, par le développement d'une réflexion critique nourrie par les discours portant sur la modernité et la postmodernité et, enfin, par la reconnaissance de la part des institutions publiques et semi-publiques du rôle de l'art comme élément vital du développement de la société. Les cultures française et québécoise laissent voir de nombreuses marques d'influence des cultures étrangères qui rendent plus difficile de cerner leur spécificité et, par conséquent, de faire ressortir la nature privilégiée des liens inscrits dans leur mémoire commune.

Dans ce contexte, la France est un partenaire parmi d'autres dans ce projet de faire rayonner l'art du Québec à l'étranger. La difficulté pour les artistes québécois de se faire connaître en France réside précisément dans ce qu'ils produisent un art maintenant perçu comme différent mais qui, ne s'imposant pas sur la scène internationale, n'est pas non plus reconnu par la France dont la politique protectionniste n'a d'écarts que pour les artistes qui s'inscrivent dans des marchés « internationaux ». La francophonie crée certains ponts, des liens favorables entre le Québec et la France, mais la circulation de l'art se fonde davantage sur un vocabulaire formel reconnu et partagé par des publics et des marchés. Le mouvement des œuvres entre les États doit s'appuyer sur des moyens économiques qui traduisent des politiques entre communautés partageant des intérêts culturels communs. Les arts visuels ne s'insérant pas encore dans la logique des industries culturelles qui ont été encouragées jusqu'ici, ils ont donc peu bénéficié des ententes

En 1951, Riopelle écrit: «Seul peut être fécond un hasard total [...] qui physiologiquement, physiquement, psychiquement est condamné à être troué par l'organicité du peintre avec cet avantage d'y laisser entrer toutes les chances de fuite cosmique.» Les antécédents du peintre avec le milieu des automatistes montréalais et celui des surréalistes parisiens le placent sur la voie la plus libre de l'abstraction qu'il contribuera à faire rayonner sur la scène internationale.

JEAN-PAUL RIOPELLE (NÉ EN 1923). TOUR EIFFEL, *1950.*

Huile sur toile. 116 x 89 cm. Collection de l'artiste. Courtoisie de Madame Yseult Riopelle

établies dans le cadre des échanges France-Québec. De plus, l'inégalité des positions et la divergence des programmes français et québécois face à l'aide à la création et à la diffusion des arts plastiques ont défavorisé les échanges entre créateurs, diffuseurs et publics. Des initiatives individuelles, parfois institutionnelles, mais toujours sans continuité, fournissent la base d'une connaissance directe des cultures visuelles entre les deux États; cette connaissance est enrichie et appuyée par les médias et les technologies de communication, eux-mêmes rassembleurs et souvent foyers de création.

Les contacts des jésuites avec les Amérindiens ont mis en évidence les oppositions fondées sur des systèmes culturels et des valeurs incompatibles. Les missionnaires ont cherché à tourner à leur avantage tous les épisodes de cette offensive souvent meurtrière. Neuf missionnaires ont ainsi subi le martyre, ce qui donna lieu à un mouvement de sympathie chez les dévots français appuyant l'effort des jésuites.

CHARLES DE POILLY (VERS 1620-1675). RELIQUAIRE DU PÈRE JEAN DE BRÉBEUF (1593-1649), 1664.

Argent, bois. 53,3 x 53,3 x 35,5 cm.

Monastère des augustines de l'Hôtel-Dieu de Québec, A-100.

Photo: Jacques Lessard

Une histoire identique et mimétique, d'émulation et d'émancipation

Il est possible de distinguer dans les rapports artistiques entre le Québec et la France différentes étapes, parfois consécutives, parfois concomitantes, qui correspondent aux grandes étapes de leurs relations politiques et idéologiques. Dès le Régime français apparaissent les premiers signes de cette déstabilisation qui va caractériser l'écart que prendront les arts plastiques français et québécois. Le mouvement d'immigration et d'intégration au territoire nord-américain fournit certes le cadre d'une pénétration de la culture française en Amérique, mais également, en contrepartie, l'impulsion d'un lent processus d'américanisation de cette culture. La colonie est géographiquement dans une localisation extraterritoriale, une province éloignée des centres de décision.

La peinture et la sculpture, tout comme les arts décoratifs, avaient alors à répondre à deux clientèles : servir aux besoins des colons français et faciliter le processus de conversion des «sauvages». Artistes français ou établis dans la colonie fournissent des images pour satisfaire les besoins diversifiés de ces clients en s'inspirant de l'art français. Les œuvres se rapportent aux dévotions qui sont parmi les plus populaires : saints tutélaires de la Nouvelle-France et saints reliés aux différentes communautés présentes.

Déjà, l'on peut distinguer les œuvres importées et celles réalisées en Canada. Celles-ci sont en général techniquement moins compétentes que celles produites en France, elles semblent plus immédiatement adaptées aux besoins des colons et, de ce fait, culturellement plus signifiantes. La sculpture produite localement, les ex-voto, les images utilisées pour la conversion des populations indigènes, tout comme l'orfèvrerie de traite montrent comment la production artistique française s'adapte à son nouveau contexte culturel.

Les étapes et dangers associés à la vie en Nouvelle-France sont souvent commémorés par des commandes d'ex-voto destinés à commémorer une faveur obtenue. René Robineau de Bécancour (vers 1625-1699), seigneur, puis baron de Portneuf et grand-voyer de Nouvelle-France, fit réaliser ce tableau à Paris. L'une de ses filles est placée sous la protection d'Anne et de Marie. Le peintre Gaillot est encore peu connu, mais l'on sait qu'il travaillait dans l'atelier du frère Luc.

Jacques Gaillot (connu dans la deuxième moitié du XVIIe siècle),
Ex-voto de Marie-Anne Robineau de Bécancour, *1675.*
Huile sur toile. 128,5 x 96,5 cm.
Musée de Sainte-Anne, 1994X.012.
Photo : Michel Élie, Centre de conservation du Québec

Les relations entre la France et son ancienne colonie se sont maintenues au début du Régime anglais par des voies non officielles. Le peintre Beaucourt, né à La Prairie, quitte le Canada lors de la Conquête et s'établit à Bordeaux où il épouse la fille du peintre Joseph Camagne. Il est de retour à Montréal dès les années 1790. Le sujet de ce tableau, inspiré par un séjour dans les Antilles françaises, témoigne des routes commerciales qu'utilisaient les voyageurs pour circuler entre l'Amérique et la France.

François Malepart de Beaucourt (1740-1794). L'Esclave noire, *1786.*

Huile sur toile. 72,7 x 58,5 cm.

Musée McCord d'histoire canadienne, Montréal, M12067.

Photo : Musée McCord d'histoire canadienne, Montréal

Après la Conquête et tout au long du XIXe siècle se développe une longue période de mimétisme-conservatisme par rapport à l'art français. Les rapports officiels entre la France et son ancienne colonie cessent, mais les échanges entre la France et la province anglaise de Québec se poursuivent sur une base individuelle. Une rupture importante se concrétise par le départ des administrateurs qui retournent en France avec leurs biens et par la destruction de plusieurs bâtiments publics qui contenaient des œuvres d'art. Ces pertes sont en partie compensées par l'arrivée de quelques artistes français qui émigrent au Canada, alors que des Canadiens se rendent étudier

L'orfèvre québécois Laurent Amiot figure parmi les premiers artistes qui se rendent étudier à Paris à la fin du XVIIIe siècle. Il y séjourne de 1782 à 1787, au même moment que François Baillairgé (1759-1830). La lampe du sanctuaire de l'église de Repentigny, réalisée immédiatement à son retour, porte les traces de l'esthétique contemporaine qui traverse une période de transition, alors que le style Louis XVI se simplifie au profit du néoclassicisme.

LAURENT AMIOT (1764-1839).
LAMPE DE SANCTUAIRE, *1787.*
Argent.
Fabrique de la paroisse La Présentation de Repentigny.
Photo : ministère de la Culture et des Communications

Sous le Régime français, la majorité des tableaux qui se trouvaient dans la colonie étaient importés. Après 1760, les marchands et les individus ont continué à faire venir des œuvres de France. Cent quatre-vingt tableaux à sujet religieux importés par les abbés Desjardins en 1817 et 1820 ont fourni un nouvel essor à ce commerce et encouragé des jeunes peintres à entreprendre une carrière. Le tableau de Vouet, copié entre autres par Joseph Légaré (1795-1955), a été modifié pour s'adapter au décor de sa nouvelle destination, l'église de Saint-Henri.

SIMON VOUET (1590-1649). SAINT FRANÇOIS DE PAULE RESSUSCITANT UN ENFANT, *1648.*

Huile sur toile. 335 x 187 cm.

Fabrique de la paroisse Saint-Henri de Lévis. Photo : Michel Élie, Centre de conservation du Québec

en France dès la fin du XVIIIe siècle[1]. De plus, par le biais de marchands, le corridor des importations d'œuvres d'art, des livres et des objets de luxe n'est pas interrompu avant la reprise officielle des rapports politiques en 1855.

L'importation à Québec de 180 tableaux en 1817 et 1820, grâce aux efforts des prêtres émigrés Philippe et Louis-Joseph Desjardins, renoue avec une tradition établie sous le Régime français et marque une étape significative dans l'évolution de la peinture au Canada. Alors que la présence de Britanniques et les changements socioculturels orientent de plus en plus la production picturale vers la réalisation de paysages et la commande de portraits, les envois de Desjardins influencent les commanditaires. Un renouveau d'intérêt pour la peinture d'histoire stimule un marché réduit et inspire une nouvelle génération

Le peintre Triaud, d'origine française, arrive à Québec en 1820 et il s'intègre à la scène locale où ses talents de professeur, copiste et restaurateur de tableaux sont sollicités. Encouragé par le milieu ecclésiastique, il reçoit des commandes des différentes communautés. Cette représentation d'une scène religieuse publique intègre l'apport des artistes topographes britanniques alors actifs au Bas-Canada.

LOUIS-HUBERT TRIAUD *(VERS 1789-1836).* LA PROCESSION DE LA FÊTE-DIEU À QUÉBEC, *1824.*
Huile sur toile. 75,5 x 107,5 cm.
Collection des Ursulines de Québec. Photo : Patrick Altman

d'artistes, dont Joseph Légaré. Dans l'historiographie de la fin du XIXe, l'envoi du fonds de tableaux Desjardins est perçu comme un legs de la France d'Ancien Régime à un Québec qui avait su garder vivante la tradition française, monarchiste et catholique.

De plus, l'art épaule le premier mouvement d'écriture de l'histoire du Québec, mouvement qui, au cours du XIXe siècle, cherche à fournir des visages aux héros et des images aux faits prestigieux du Régime français, iconographie nécessaire à la constitution d'une tradition et à la réalisation d'une nation. L'intérêt pour les origines du Canada français se manifeste par un mouvement plus large d'identification et d'inventaire des vestiges de cet héritage qui est alors perçu comme étant en voie de disparition. Les témoins matériels de l'héritage français et les savoir-faire sont l'objet de collectes plus systématiques dès la deuxième moitié du XIXe siècle, par le biais de sociétés historiques et d'amateurs éclairés. Ces études reconnaissent les adaptations et les métissages auxquels la culture française, populaire et savante, a été soumise en terre d'Amérique.

Parallèlement, les collectionneurs anglophones montréalais s'intéressent à l'art européen et à l'art contemporain produit en France (art académique, paysagistes de Fontainebleau, impressionnisme) et, lors d'expositions, permettent au public d'apprécier directement ces créations[2].

Pour les artistes étrangers qui séjournent à Paris dans les années 1890, l'acceptation d'une œuvre à l'un ou l'autre des trois salons annuels constitue une étape obligée dans ce parcours qui vise à la reconnaissance au pays natal. Suzor-Coté n'échappe pas à la règle. Il cherche dans ses tableaux à concilier ses intérêts pour les sujets ruraux avec la grande peinture. Ce portrait en pied d'une jeune paysanne, admis au Salon des artistes français en 1899, remarqué par la critique, lui assura les commentaires de la presse montréalaise et, par conséquent, de futures commandes.

Marc-Aurèle de Foy Suzor-Coté (1869-1937), Pastourelle ; vallon Goujard (Seine et Oise), *1898.*
Huile sur toile. 235,5 x 100,5 cm.
Don de la succession de Graziella Timmins Raymond.
Musée des beaux-arts de Montréal, 1985.10.
Photo : Brian Merrett, MBAM

Au tournant du XXe siècle on remarque une étape d'émulation-rattrapage ; les communications plus directes permettent de renouer des liens affaiblis précédemment. Le pouvoir d'attraction des capitales européennes se fait sentir durant cette période. Cet attrait donne naissance à un nouveau « Grand Tour ». Pour les artistes québécois, un séjour d'études à Paris semble obligatoire. Alors qu'avant 1870 ces déplacements sont exceptionnels, ils s'imposent à partir de

Pour le public du Salon des artistes français en 1905, et pour le jury qui lui a décerné une mention honorable, le groupe d'Alfred Laliberté séduit par sa maîtrise plastique et par son iconographie exotique. Laliberté rejoignait une tradition de la sculpture classique où des enfants sont observés sur le vif. Le geste dédoublé et légèrement décalé, l'intégration du mouvement et de l'espace négatif démontrent le métier que Laliberté a acquis depuis son arrivée à Paris à l'automne 1902.

ALFRED LALIBERTÉ (1878-1953).
JEUNES INDIENS CHASSANT, *VERS 1905.*
Bronze. 126,3 x 96,2 x 79 cm.
Musée des beaux-arts du Canada, Ottawa, 173

cette date, pour devenir la norme dès 1885. La création des liens diplomatiques entre la France et le Canada, l'amélioration des réseaux de transport maritime expliquent en partie ce mouvement vers la France[3]. Quelques artistes français font le mouvement inverse, à la recherche de sujets exotiques ou d'un marché moins saturé que celui qu'ils subissent dans leur pays[4].

La volonté «d'entretenir en Amérique un foyer de rayonnement français», selon l'expression d'Édouard Montpetit, se mesure à la fréquence des visites de conférenciers invités par l'Alliance française et au nombre des professeurs recrutés pour enseigner dans les universités. Ce mouvement de l'élite francophile fut entretenu par le gouvernement de L.-A. Taschereau[5], appuyé par le secrétaire de la province, Athanase David. C'est David qui instaure les bourses permettant d'aller étudier en France où est inaugurée en 1920 la Maison du Canada à la Cité universitaire de Paris. Wilfrid Pelletier, Louis-Philippe Beaudoin, Jean-Marie Gauvreau et Alfred Pellan sont parmi les premiers récipiendaires.

Le séjour quasi ininterrompu de Morrice en France débute en 1891 pour se poursuivre jusqu'à sa mort. Influencé par les peintres post-impressionnistes, Morrice se gagne une excellente réputation, expose dans les grandes manifestations internationales et ses tableaux sont recherchés par les collectionneurs. Dans cette œuvre, exposée au Salon national des beaux-arts de 1907, tout contribue à accentuer la bidimensionnalité de la toile: l'espace est construit parallèlement au plan du tableau et les couleurs superposées accentuent l'imbrication des formes.

James Wilson Morrice (1865-1924). Course de chevaux (Saint-Malo), *vers 1906-1907.*
Huile sur toile. 60,2 x 81,2 cm.
Achat, legs John W. Tempest.
Musée des beaux-arts de Montréal, 1932.635. Photo: MBAM

Ces contacts des artistes avec le milieu français permit d'intégrer le cubisme synthétique et certains aspects du surréalisme. L'idée d'un art non prémédité, qui réagirait aux forces de l'inconscient, a donné naissance à l'automatisme pratiqué par Borduas et de jeunes peintres qui exposent ensemble à partir de 1946. La publication en 1948 du manifeste *Refus global* déplaçait la pensée plastique des automatistes vers le champ sociopolitique. Sa parution marque l'éclatement du groupe: Jean-Paul Riopelle et Fernand Leduc ont déjà quitté pour Paris et Borduas, démis de ses fonctions de professeur, partira pour New York (1953), puis pour Paris (1955).

La pièce de son appartement, au 45, quai des Grands-Augustins, où Morrice installe son atelier n'a rien du studio des artistes académiques. Le mobilier est rare et modeste, les tableaux sont posés par terre et ses pochades sont rangées dans des boîtes. Le peintre montréalais alimenta les chroniques de la vie de bohème, sa réputation d'artiste étant doublée d'une personnalité excentrique.

JAMES WILSON MORRICE (1865-1924) DANS SON ATELIER À PARIS, *VERS 1910.*
Épreuve argentique à la gélatine. 8,5 x 11,4 cm.
Legs David R. Morrice
Musée des beaux-arts de Montréal, 1974.Dv.13c. Photo : MBAM

Paris demeure toujours aujourd'hui un lieu de perfectionnement où plusieurs jeunes artistes viennent recueillir les « secrets du métier » et profiter d'un contexte de création cosmopolite stimulant. Le renouveau de l'estampe au Québec dans les années 1970, par exemple, est grandement redevable à l'influence de l'Atelier 17 dirigé par Hayter à Paris. Même si les productions étrangères dominent l'art d'avant-garde, Paris continue d'attirer une communauté internationale par la vitalité de ces lieux de diffusion et les programmes d'aide à l'action artistique mis en place (achats de l'État, centres d'exposition en région, grandes manifestations culturelles, Salons, etc.).

D'abord connu comme aquafortiste, Clarence Gagnon a aussi contribué à perpétuer en France l'image folklorique du Québec rural. Amoureux de la région de Charlevoix et de ses habitants, il a célébré en peinture nos paysages de neige qui connurent beaucoup de succès lorsque exposés à la galerie Reitlinger en 1913. Ses illustrations de Maria Chapdelaine (1933) sont devenues des classiques du genre et elles façonnent encore une vision collective du Québec.

CLARENCE GAGNON *(1881-1942)*. JOUR DE BOUCHERIE, *1910-1912*.
Huile sur toile. 53,5 x 73,9 cm.
Musée du Québec. Photo : Jean-Guy Kérouac

L'attrait de la culture française et le rayonnement européen qu'offre la France sont encore attestés par le nombre impressionnant d'artistes qui cherchent à «percer» le marché français, même si celui-ci n'est plus dominant sur la scène internationale. Depuis les séjours de Pellan et Borduas à Paris, mais surtout depuis la fracassante carrière de Riopelle, plusieurs artistes ont souhaité s'y faire connaître et s'y sont installés. Dans le milieu de la littérature, du cinéma et du théâtre, secteurs où la langue joue un rôle capital, mais aussi dans le domaine des arts visuels, y compris des arts médiatiques, nombreux sont les artistes qui cherchent un débouché sur la scène française. Inversement, les créateurs français considèrent le Québec comme une voie naturelle de pénétration du marché canadien. Quelques galeries font connaître avec plus ou moins de régularité leur travail et les musées accordent une part relativement importante de leur programmation à des artistes français.

Adrien Hébert a grandi dans une famille d'artistes, à cheval entre Montréal et Paris. Comme son frère, le sculpteur Henri Hébert (1884-1950), il a été encouragé par leur père, Louis-Philippe Hébert (1850-1917), qui se rendait régulièrement en France pour exécuter les monuments publics dont il a orné les villes du Québec. Par sa peinture, Adrien Hébert célèbre les thèmes de la vie urbaine et moderne et en particulier les activités reliées au port de Montréal.

ADRIEN HÉBERT *(1890-1967).* DANS LE PORT DE MONTRÉAL, S.S. MONTCALM, *1925.*
Huile sur toile. 118 x 152,5 cm.
Musée d'art contemporain de Montréal, A78 22P 1. Photo: MACM

Après la Deuxième Guerre mondiale, Paris redevient le lieu où de nombreux artistes québécois souhaitent vivre et travailler. L'exhubérant Riopelle (né en 1923) s'y rend dès 1947. À partir de ce moment, commence à se construire le mythe Riopelle entretenu par un œuvre colossal, un succès critique et commercial ininterrompu et un mode de vie à la taille de ce géant de la peinture.

La couverture du volume nous montre Riopelle en 1954, photographié par Robert Doisneau dans son atelier parisien devant Pavane.
Hélène de Billy, *Riopelle*, Éditions Art Global, 1996

Suite à la publication en 1948 du manifeste automatiste Refus global, *Borduas est démis de ses fonctions de professeur à l'École du meuble. Il se retire alors dans son village de Saint-Hilaire, avant de partir pour New York en 1952, puis pour Paris en 1955. À Paris, Borduas poursuit ses travaux aux limites de la contemplation et de la peinture. La matière picturale modèle les surfaces où se fondent l'espace et la forme, le mouvement et les plans, le regard et la couleur.*

Paul-Émile Borduas (1905-1960).
Chatoiement, *1956.*
Huile sur toile. 147 x 114 cm.
Musée d'art contemporain de Montréal, A 71 50P 1.
Photo : Richard-Max Tremblay

Pour leur part, la Délégation du Québec et le Centre culturel canadien offrent des vitrines pour la présentation de l'art québécois en France. Des galeries commerciales se montrent accessibles aux artistes québécois voulant s'y diffuser ou à ceux qui y habitent et qui tentent de mener leur carrière sur les deux terrains. Cependant, peu de Québécois occupent les cimaises des grandes institutions françaises et les plasticiens importants du Québec demeurent encore inconnus du public français. Les trop rares manifestations sont le résultat d'initiatives gouvernementales ponctuelles demeurées sans lendemain.

Le protectionnisme culturel que pratiquent la France et le Québec, contre l'hégémonie de la culture

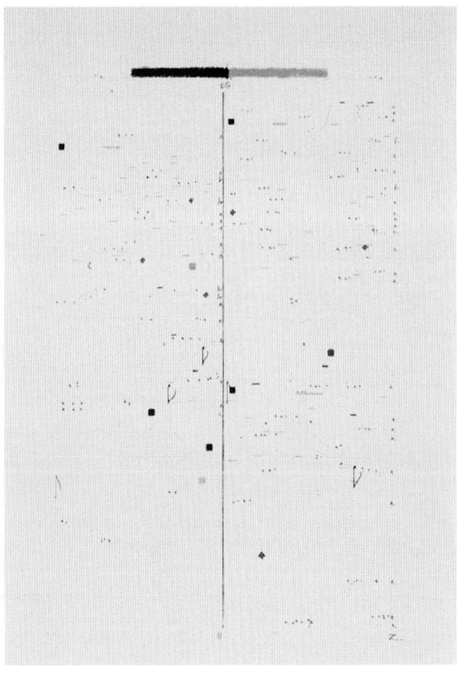

Écrivain et musicien, l'artiste Rober Racine a réalisé un grand travail conceptuel sur la musicalité du français. Il a systématiquement démonté le dictionnaire Robert, *créant d'abord un Parc de la langue française (1980), puis cherchant les notes qui se cachaient dans les mots. Ce travail a donné lieu à une réécriture visuelle de la page imprimée, les Pages-Miroirs enluminées et multipliées qui, telle une polyphonie, célèbrent les formes et les sens des mots.*

ROBER RACINE (NÉ EN 1956).
PAGE-MIROIR N° 3, *1994.*
Encre, mine de plomb et bronzine sur papier. 26 x 18 cm.
Courtoisie de la galerie René Blouin, Montréal. Photo : Richard-Max Tremblay

populaire américaine, se situe dans le contexte d'une prise de conscience de la francophonie à l'échelle mondiale. Les deux États sont unis dans une volonté d'affirmer la particularité et la spécificité de leur culture mais ils sont souvent divisés sur les moyens à prendre et sur la place que doivent occuper les deux cultures respectives. Malgré leur intérêt commun pour la francophonie, les rapports actuels entre la France et le Québec se déroulent dans un contexte prédominant d'échanges internationaux. Le mouvement ambigu de rapprochement distant, le flou que l'on remarque dans l'image des relations artistiques entre la France et le Québec sont la résultante d'une histoire coloniale et d'un héritage culturel communs, contrecarrés et distraits par la façon dont les intérêts des marchés internationaux font pression sur les bonnes volontés politiques. On l'a vu, depuis 1760, les rapports entre la France et le Québec ont été surtout définis par des individus et d'organismes, appuyés par l'État à l'occasion, qui tiraient avantage à maintenir ces rapprochements. C'est encore par ces voies que l'on peut espérer maintenir vivants et fructeux les liens entre les deux communautés.

Une saison dans la vie d'Emmanuel

un film de Claude Weisz

2 Perception et diffusion de la littérature québécoise en France

Yannick Resch

Reconnaissons les faits : l'intérêt porté au Québec par la plupart des Français existe bel et bien, et il n'est pas seulement alimenté par les images touristiques proposées par les agences lors d'un voyage au Canada. C'est un intérêt profond, qui ne se remet pas en question, qui est fait d'une admiration pour un peuple qui met sa singularité à affirmer, en Amérique du Nord, son existence par une langue, le français, dont il fait sa seule violence.

Cet intérêt est entretenu aisément par les textes et les voix de chanteurs, interprètes ou poètes que le Québec exporte avec une belle constance. Félix Leclerc, Gilles Vigneault, Robert Charlebois, Richard Desjardins, Céline Dion, Diane Dufresne et bien d'autres se sont imposés sans difficulté dans l'imaginaire des Français comme autant de portraits chaleureux d'un Québec familier. À cela s'ajoutent les discours généralement enthousiastes que rapportent ceux qui y ont séjourné, que ce soit pour le plaisir, pour le travail ou pour les études. À l'échelle individuelle ou collective, la perception du Québec et de la société

Une saison dans la vie d'Emmanuel *de la québécoise Marie-Claire Blais a été mis à l'écran par le français Claude Weisz.*

Source : Claude Weisz

Le nom de Félix Leclerc est aussi connu chez nous qu'en France. «Félix le Canadien», comme l'appellent les Français, s'installera à Paris dans les années 1950, chantera à Bobino et nous reviendra auréolé de gloire.

FÉLIX LECLERC.
Archives nationales du Québec à Québec. Photo : Jean-Louis Frund

québécoise est globalement positive. Peut-être parce qu'elle repose sur une véritable découverte : l'union étonnante dans les façons de vivre au quotidien d'une francité américaine. Cela étant, on peut s'interroger sur la place occupée dans l'imaginaire des Français par cette composante essentielle de la culture québécoise, la littérature du Québec. Plus rares sont en effet les noms d'écrivains ou d'œuvres qui viennent spontanément sur les lèvres.

Richard Desjardins à Paris.
PonoPresse/Internationale. Photo : J. B. Porée

Il n'est probablement pas utile de dresser aujourd'hui un bilan de la perception et de la diffusion de la littérature québécoise, pas plus qu'il ne le serait pour les autres littératures francophones[1]. De nombreux auteurs s'imposent, qui viennent d'horizons divers mais dont la patrie est d'abord celle des mots avant d'être un territoire géographique, car les lecteurs, en général, se soucient moins de savoir d'où le livre vient et où il a été publié que de réagir à ce que l'écrivain dit dans son livre. Mais s'il leur est proposé de lire un roman « québécois », comme nous l'avons constaté pour la création du prix France-Québec/Philippe Rossillon, l'attente du lecteur moyen est d'abord et avant tout de retrouver ce qui parle à son imaginaire le plus simple et qui tient du cliché : les grands espaces couverts de neige, les couleurs des érables sur les lacs lors de l'été indien et peut-être encore quelques figures de peaux-rouges. Néanmoins, lorsque la littérature, quittant le domaine du grand public, entre dans celui plus étroit de l'université, il

Bruno Hébert reçoit le prix Philippe-Rossillon pour son roman C'est pas moi, je le jure!, *son premier livre. Ce prix littéraire, nommé en l'honneur de Philippe Rossillon, un membre fondateur de France-Québec et défenseur de la cause québécoise, constitue le choix de professionnels et de lecteurs du grand public.*

BRUNO HÉBERT RECEVANT SON PRIX DE GEORGES POIRIER, PRÉSIDENT DE FRANCE-QUÉBEC, 1998. Délégation générale du Québec à Paris. Photo : Bertrand Sylvain

est possible d'échapper à cette vision idyllique et de suivre l'évolution des sensibilités chez des lecteurs pour qui la lecture d'œuvres littéraires déborde la curiosité d'un instant. La perception de la littérature s'appuie alors sur la découverte de son histoire, de ses enjeux et de ses objectifs.

Autour de Yannick Resch, les écrivains québécois Noël Audet, Claude Beausoleil et Naïm Kattan, les Africains Amadou Kourouma et Tierno Monemembo, l'Algérien Nabile Farès, l'Haïtien Jean Netellus, le Belge Werner Lambersy ainsi que Yves Broussard et Jacques Chevrier.

COLLOQUE ÊTRE ÉCRIVAINS FRANCOPHONES, *AIX-EN-PROVENCE, 1994.* Source : Yannick Resch

Parmi les secteurs qui ont le plus contribué à développer la connaissance de la littérature québécoise, il faut signaler les enseignements et les séminaires de recherche dans quelques universités françaises, qui ont été créés à partir des années 1970 à l'initiative de professeurs qui avaient vécu au Québec ou dans une autre province du Canada. Par la suite, ces professeurs souvent soutenus par des structures internes (centres d'études canadiennes, centres d'études francophones) ont pu développer des fonds documentaires et associer à leurs cours des activités annexes: rencontres avec des écrivains, colloques, journées sur le cinéma, expositions de peinture...

Au début de ces enseignements, les difficultés rencontrées dans l'acquisition des ouvrages qui n'étaient pas édités en France ont contribué à favoriser dans un premier temps la lecture des auteurs qui étaient publiés au Seuil, chez Gallimard ou chez Grasset. Mais si les textes de Anne Hébert, Jacques Godbout, Réjean Ducharme ou Marie-Claire Blais ont bénéficié de ces structures institutionnelles, cela n'explique pas pour autant en quoi ces œuvres ont séduit les étudiants.

Récipiendaire du prix Femina, Anne Hébert a obtenu un succès considérable, notamment à Paris. Son roman Kamouraska, *paru en 1970, est l'une des œuvres les plus importantes de la littérature de langue française contemporaine.*

Anne Hébert, *Les Fous de Bassan*, Éditions du Seuil, Paris, 1982

LOUIS HÉMON

MARIA CHAPDELAINE

RÉCIT DU CANADA FRANÇAIS

29 BOIS ORIGINAUX DE JEAN LÉBÉDEFF

LE LIVRE DE DEMA[IN]

LIBRAIRIE ARTHÈME FAYAR[D]

18-20, rue du Saint-Gothard,

La plupart des Français ont connu le Canada – on parlait peu du Québec à cette époque – par le célèbre roman de Louis Hémon, Maria Chapdelaine. *D'abord paru en feuilleton à Paris en 1914 dans le quotidien* Le Temps, *il a connu de nombreuses éditions par la suite.*

Louis Hémon, *Maria Chapdelaine*, Fayard, Paris, 1938.
Source : Laurence Crépeau

En 1931, Clarence Gagnon, de passage à Paris, peint des illustrations de Maria Chapdelaine. *Elles furent présentées au grand public dans* L'Illustration *avant d'être publiées par Mornay en 1935.*

Au pays de Maria Chapdelaine, texte de Maurice Constantin-Weyer, peintures de Clarence Gagnon, dans *L'Illustration*, 1931.
Source : Suzanne Dupuis

Marginale, en raison du statut souvent optionnel de ces enseignements, mais non pas étrangère puisque écrite en français, cette littérature intriguait parce que, tout en étant francophone, elle était la plupart du temps inconnue des élèves : elle n'avait pas trouvé sa place dans l'enseignement secondaire. Et les lointaines références à Maria Chapdelaine n'en facilitaient pas l'accès ! Cette littérature intriguait d'autant plus que le Québec, dans la foulée de la Révolution tranquille, se rendait célèbre sur les ondes et sur scène avec les chansonniers-poètes. Les étudiants ont d'abord découvert des œuvres : *Kamouraska, Salut Galarneau ! L'Avalée des avalés, Une saison dans la vie d'Emmanuel*, avant de s'intéresser à une littérature située géographiquement. Ils étaient séduits par l'atmosphère de révolte, de fureur, qui entourait les personnages et leurs actions. Atmosphère qui se retrouvait en poésie dans la violence retenue des poèmes d'Anne Hébert. Il y avait dans ces textes quelque chose de dérangeant, de neuf par rapport au contexte culturel français et qui ne tenait pas du folklore. Un travail sur l'écriture en particulier qui rejoignait l'intérêt des étudiants pour les textes de la modernité et où affleurait un certain plaisir de dire, peu visible, à l'opposé, dans les textes de l'Hexagone.

C'est sur cette «étrangeté» qu'on a travaillé pour saisir ce qui dans ces œuvres témoignait d'une spécificité québécoise, car à la lecture, cette littérature entraînait des questions sur une société qui semblait en «ébullition».

Ce volume est la suite inédite de La Détresse et l'enchantement, *publié en 1984, à titre posthume. Gabrielle Roy évoque, entre autres, la genèse de son premier roman,* Bonheur d'occasion, *qui lui valut le prix Femina. La couverture nous la présente à Paris en 1937.*

Gabrielle Roy, *Le Temps qui m'a manqué,* Éditions du Boréal, Paris, 1997

L'enthousiasme qu'ont soulevé ces romans a favorisé une approche socio-historique du texte : on voulait comprendre ce qu'était cette société qui affirmait rageusement sa différence en revendiquant une identité un peu floue. Elle disait son appartenance aux grands espaces tout en s'affirmant urbaine ; elle exprimait son attachement à la langue française tout en maintenant ses distances avec le français de France.

Au cours des années 1970, situer cette littérature c'était d'abord en connaître l'histoire, afin de comprendre comment elle était sortie d'une idéologie nationaliste qui préconisait l'enracinement des valeurs cléricales dans un Canada français pour exprimer, autrement, l'appropriation par un peuple d'un territoire et d'une ville.

Les romans sur Montréal et son imaginaire douloureux ont pu être un fil conducteur. Ils faisaient découvrir pourquoi cette ville, entrée tardivement dans la fiction, avait été si difficile à conquérir, si douloureuse à habiter dans le domaine des mots : *Bonheur d'occasion* de Gabrielle Roy, les *Chroniques du plateau Mont-Royal* de Michel Tremblay, *Le Matou* de Yves Beauchemin. Mais aussi *Rue Saint-Urbain* de Mordecaï Richler, *La Petite Patrie* de Claude Jasmin ont marqué les jalons d'une littérature qui s'identifiait à une ville. S'ajoutèrent par la suite d'autres textes plus ludiques ou plus urbains comme *Vava* de Yolande Villemaire, *Dévadé* de Réjean Ducharme. Des recueils poétiques : *L'Homme rapaillé* de Gaston Miron, *Mémoire* de Jacques Brault, des poèmes de Claude Beausoleil.

Le Matou *fut le premier best-seller international québécois. Cette réussite lui valut un film et une série télévisée.*

Yves Beauchemin, *Le Matou*, Éditions Québec-Amérique, 1985

Ces textes soulevaient chacun à leur manière un problème d'identité et cernaient la condition de la société québécoise au sein de la dualité canadienne. Ce fut le cas en particulier de l'œuvre de Jacques Godbout et de Michel Tremblay qui ont suscité un intérêt pour des travaux de recherche (mémoires, thèses). En ce qui concernait les romans, la littérature du Québec a été perçue rapidement comme étant très différente de la littérature de France. Elle semblait plus engagée dans ses dénonciations, plus novatrice dans la remise en cause du langage dit littéraire et dans sa recherche d'une «poétique» de l'identité. Tous les textes abordés n'ont pas eu cependant le même impact. Pour ma part, j'ai pu constater que *Prochain Épisode* de Hubert Aquin avait trouvé peu d'écho, à l'époque, auprès des étudiants. Ce n'était pourtant pas le manque de connaissance du contexte culturel et politique. C'était une question de style comme si le roman était trop marqué... localement? biographiquement? Comme s'il ne parvenait pas dans son écriture à la même universalité que les autres œuvres étudiées.

Ce poète contemporain a affirmé l'universalité de la culture et du langage québécois. Il porte l'étendard de l'engagement du milieu littéraire québécois en faveur de la cause nationaliste. En 1970, il reçoit pour l'ensemble de son œuvre le prix de la revue Études françaises, *prix littéraire de la francité créé en 1967. Ce prix fut décerné pour la première fois à Ahmadou Kourouma, originaire de la Côte-d'Ivoire, pour son récit* Les Soleils des indépendances.

GASTON MIRON.

Photo : Josée Lambert

Un autre centre d'intérêt a été celui qu'ont développé les textes écrits par des femmes. Ceux-ci rejoignaient les préoccupations contemporaines d'un dire au féminin qui ne perdait pas pour autant sa spécificité québécoise. La contestation, dans ces récits où les frontières devenaient de plus en plus floues entre les genres littéraires canoniques, offrait des aspects ludiques qui invitaient les lecteurs à réfléchir sur la situation des femmes au Québec et en Amérique du Nord sans poser la question de la «québécité». Le dynamisme des écritures qui se libéraient du poids des problèmes de la collectivité pour valoriser le je, la subjectivité au féminin, était tout le contraire d'un enracinement identitaire. Elles ont facilité une lecture qui sortait de la problématique nationale. Les poèmes et proses de Nicole Brossard, Madeleine Gagnon, Francine Théoret, Yolande Villemaire, Monique Proulx constituent un aspect important dans la connaissance de cette littérature qui se préoccupait des problèmes de la société contemporaine tout en continuant à affirmer sa spécificité dans l'attention portée à la langue française.

Romancière et scénariste, Monique Proulx s'est vu décerner le prix Québec-Paris du ministère des Affaires internationales du Québec pour ce roman dont on a tiré un film.

Monique Proulx, *Homme invisible à la fenêtre*, Boréal-Seuil, 1993

Jacques Poulin vit à Paris depuis de nombreuses années. Dans ce roman, un écrivain part à la recherche de son frère. Son voyage le conduira sur la piste de l'Oregon, dans une Amérique profonde.

Jacques Poulin, *Volkswagen Blues*, Leméac, Paris, 1988.
Photo: Jacques Lessard

Une littérature qui se déterritorialise

Il faut bien y venir à cette dimension longtemps intériorisée de la littérature québécoise et qui s'exprime clairement aujourd'hui: l'américanité ou l'appartenance à la continentalité américaine. Les titres de certaines œuvres y invitaient. Ce furent en particulier *Volskwagen Blues* de Jacques Poulin, *Une histoire américaine* de Jacques Godbout, *Monsieur Melville* de Victor-Lévy Beaulieu. Ainsi que toute une partie de la poésie contemporaine, celle des poètes marqués par la culture *beat* qui évoquent une Amérique à la Kerouak, mais aussi l'Amérique des grandes villes et des stars hollywoodiennes: *Empire State Coca Blues* de Louis Geoffroy, *Une certaine fin de siècle* de Claude Beausoleil, *L'Amérique* de Jean-Paul Daoust. Ces textes ont donné l'envie de saisir, à l'origine, le rêve québécois de l'Amérique à travers ses émigrants, ses voyageurs, rêve dénoncé par les élites puis réalisé par les artistes et écrivains qui vivent tout autant à New York qu'à Miami, à Key West qu'à Paris. Dans ces livres, les personnages voyagent, lisent, et leurs références sont multiples. Il y a la principale: la culture états-unienne. Ils en sont imprégnés bien plus concrètement que de la culture française. Mais celle-ci, en raison de son éloignement à la fois géographique et temporel, est redevenue intéressante à examiner, car elle peut être un choix librement consenti beaucoup plus que par le passé où elle était ressentie comme un héritage obligé. Et puis il y a les autres: celles qui traversent le continent américain, et que révèlent les littératures des Amériques, plus parlantes à l'imaginaire québécois que les littératures du vieux continent.

Si l'espace fictionnel et poétique s'est dilaté, c'est non seulement parce que la littérature québécoise est devenue voyageuse grâce à ses personnages, c'est aussi parce que la littérature, sous l'appellation québécoise, propose des textes non plus écrits par des Québécois «de souche» mais par des écrivains venus d'ailleurs. Ces écrivains qui ont traversé l'expérience

Montréal est la deuxième ville francophone du monde. Le centre-ville de Montréal représente bien l'aspect nord-américain de la ville. Toutefois, les édifices anciens rappellent ses origines françaises. Tout en vivant à l'heure de l'Amérique, Montréal maintient un contact privilégié avec l'Europe.

MONTRÉAL, VILLE COSMOPOLITE.
PonoPresse/Internationale. Photo: Luc Vidal

de l'immigration ou de l'exil, vivent et publient à Montréal. Mais leurs textes parlent d'impossible ancrage, de mémoire et d'oubli, d'identité plurielle, hétérogène à construire sur d'autres bases, métisses peut-être. *La Fiancée promise* de Naïm Kattan, *Le Figuier enchanté* de Marco Micone, *Passages* d'Émile Olivier, *L'Ingratitude* de Ying Chen ont été autant d'ouvertures sur le Montréal contemporain bien éloigné de ses «deux solitudes» que des invitations à voyager dans l'imaginaire des diasporas italiennes, haïtiennes, chinoises. Cet aspect de la littérature québécoise a entraîné des parallèles dans la lecture et la recherche avec d'autres littératures francophones mais aussi avec des écrivains immigrés en France qui ont choisi le français comme langue d'écriture.

En moins de trois décennies la littérature du Québec est sortie du cadre étroit où la confinait son identification volontaire à une spécificité nationale et dont Jacques Godbout dénonçait le danger dès 1975 en écrivant, dans *Le Réformiste*: «Tous les écrivains du Québec couchent avec la même fille qui s'appelle Nation. Mais cette fille n'a pas de maison... Le lendemain de l'indépendance nous enterrerons le Texte québécois.»

Depuis cette époque, le Québec a bien évolué. On l'imagine moins européen, plus américain, moins cantonné dans un territoire politique, plus ouvert à un univers culturel hétérogène, soumis comme les autres à la mondialisation de l'économie. La littérature a accompagné cette évolution. Elle s'est constituée en objet autonome et offre aujourd'hui des textes dont les questions et les préoccupations sont celles de notre temps, de notre monde. L'enfance (comment en sortir?), le couple et ses drames, la violence récurrente... Des écritures s'imposent, que nous avons aimées. De belles écritures de femmes, par exemple, et qui s'expriment dans les registres les plus variés, *La Memoria* de Louise Dupré, *La Cérémonie des anges* de Marie Laberge, *Soifs* de Marie-Claire Blais.

En 1965, son roman Une saison dans la vie d'Emmanuel *lui a valu le prix Médicis et a été traduit en treize langues.*

MARIE-CLAIRE BLAIS, 1970.
Archives nationales du Québec à Québec. Photo : Office du film du Québec

J'ai évoqué ailleurs la littérature québécoise comme une force vive[2]. Je crois à sa force et à sa fragilité en raison des tensions qui la traversent et qui traversent l'écrivain, dans son rapport à la langue.

C'est de cette langue qu'il faut enfin parler, car elle reste le lieu d'ancrage de l'imaginaire québécois. Elle est, vue de France, l'histoire d'une belle indépendance. Indépendance qui s'est manifestée dans l'éloignement progressif du français de l'Hexagone et dans la volonté d'évoluer sans se laisser submerger par la langue anglaise omniprésente. Elle est cette séduisante « étrangeté » que j'évoquais précédemment et qui demeure, dans la diversité de ses voix, l'expression la plus authentique d'une spécificité québécoise. Entre le souffle épique qui porte les poèmes de Gaston Miron et de Claude Beausoleil, l'humour dévastateur qui saccage les conventions littéraires dans les récits de Réjean Ducharme, la tendresse ironique qui marque le joual de Michel Tremblay, l'ample musique de Marie-Claire Blais, que d'invention et quelle récréation festive pour les lecteurs !

Nous savons bien que la littérature, d'où qu'elle vienne, n'est pas le « produit » culturel qu'une société exporte le mieux. Du moins pouvons-nous reconnaître que, depuis quelques décennies, la connaissance de la littérature québécoise en France, si elle

Dramaturge et romancière, Marie Laberge est bien connue des deux côtés de l'Atlantique. Son répertoire romanesque compte cinq titres, dont le plus récent est La Cérémonie des anges.

Marie Laberge, *La Cérémonie des anges*, Boréal, Montréal, 1998

Michel Tremblay est l'un des plus aimés des auteurs québécois. Il a marqué l'écriture québécoise dès la fin des années 1960 en réconciliant littérature et langage populaire.

MICHEL TREMBLAY.
Photo : Grégoire Photo

reste encore enfermée dans un cercle étroit de lecteurs, s'est cependant améliorée grâce à l'enseignement universitaire et aux structures qui en permettent une plus large diffusion.

Des ouvrages sont parus sous la direction d'universitaires français, fruits de l'approfondissement de ces connaissances[3]. Actes de colloques, *Marseille/ Montréal, centres culturels cosmopolites*[4], *Un pays, une voix, Gabrielle Roy*[5], *La Recherche littéraire au Québec. Objets et méthodes*[6]. Ces ouvrages issus d'une thèse, d'un colloque ou de collaborations d'universitaires témoignent non seulement du développement de la recherche mais de l'approfondissement des liens entre les chercheurs de part et d'autre de l'Atlantique.

Parmi les structures institutionnelles qui ne cessent de contribuer activement à la diffusion de la littérature, citons la précieuse bibliothèque de la Délégation du Québec à Paris qui sait, avec une diligence peu commune, mettre à la disposition des étudiants non seulement de Paris mais de province ses moyens et ses connaissances. La librairie du Québec à Paris a constitué une étape importante dans la visibilité et l'élargissement des ouvrages proposés aux lecteurs. En favorisant, par ailleurs, des rencontres avec les écrivains, comme le fait aussi le centre culturel canadien, elle rend plus vivante et plus concrète l'existence d'une littérature qui devrait trouver au cours

Le choix des deux villes, Marseille et Montréal, correspondait d'une part à la volonté de favoriser les échanges entre les universités d'Aix-Marseille et du Québec et, d'autre part, au sentiment que l'identité culturelle de ces villes ne saurait se définir sans tenir compte du formidable métissage culturel qui les traverse.

Marseille-Montréal, centres culturels cosmopolites, sous la direction de Yannick Gasguy-Resch. L'Harmattan, 1991

Un numéro spécial pour le 30e anniversaire de l'Association France-Québec, artisan d'une relation directe et privilégiée entre la France et le Québec. Depuis 30 ans, les relations se sont considérablement accrues.

Magazine France-Québec, «Spécial 30 ans», n° 108, printemps 1998

de l'année 1999, à travers les manifestations de la saison du Québec en France, un public plus connaisseur. Enfin, il y a ce réseau d'amitiés qu'a concrétisé la célébration du trentième anniversaire de la fondation de l'Association France-Québec. Dans cet espace qui n'a rien d'universitaire, la littérature a sa place comme le montre la création du prix France-Québec / Philippe-Rossillon. Ce prix, décerné en octobre dernier à Bruno Hébert pour son premier roman, *C'est pas moi, je le jure!* était le résultat du choix des lecteurs qui ont apprécié le livre en raison de son humour et de son style. Le magazine de l'association, tiré à 12 000 exemplaires, s'efforce de faire un compte-rendu, pour un lectorat qui déborde largement le cadre des spécialistes de littérature, d'ouvrages qui paraissent et qui donnent envie de faire le voyage dans l'imaginaire québécois. Ceux qui ont retenu l'attention jusqu'à ce jour n'avaient rien d'exotique. Ils étaient tout simplement bien écrits.

Il y a encore beaucoup à faire pour améliorer la diffusion des œuvres littéraires venant du Québec mais il est temps de mesurer ce qui est accompli et de cesser de croire à un quelconque malentendu entre nos attentes respectives.

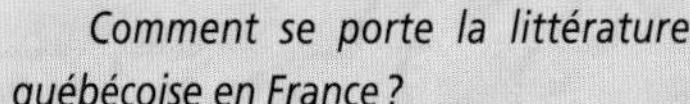

La littérature québécoise en France

Jean-Marie Borzeix
(Propos recueillis)

Jean-Marie Borzeix a été directeur littéraire aux éditions du Seuil de 1979 à 1984; puis à la direction de France Culture, station culturelle de Radio France, pendant treize ans, de 1984 à 1997.

JEAN-MARIE BORZEIX.
Vidéo interactif réalisé en 1999
par Luc Courchesne

Comment se porte la littérature québécoise en France?

Au début des années 1980, alors que je venais d'arriver à la direction de France Culture, j'ai souhaité organiser une rencontre de tous les écrivains francophones de la nouvelle génération. Il y avait des gens de grand talent, venus notamment de l'Afrique du Nord, que nous avons réunis et présentés au public français. Nous avons fait une jolie manifestation qui n'a eu aucun écho dans la presse française. C'est honteux, il n'y a eu aucun écho dans la presse! Je sais très bien que si j'avais invité, au lieu de vingt écrivains francophones, vingt écrivains prometteurs de la côte ouest des États-Unis, toute la presse en aurait parlé. Ça veut dire quoi? Ça veut dire que les Québécois sont comme les Africains dans leur condition de francophones. Au début, ils doivent surmonter une espèce de handicap à l'égard de la France.

Leur littérature est considérée comme provinciale dans les milieux littéraires parisiens. La France a encore, à l'égard des pays francophones, malgré de récents et incontestables progrès, une attitude de relative indifférence, mais elle a, ce qui est la règle dans toutes les relations humaines, en revanche, beaucoup d'intérêt pour les cultures qui la dominent.

3 Chansons et chanteurs québécois à Paris, de 1950 à l'an 2000

Philippe Luez

La familiarité du public français pour la chanson québécoise a pu faire oublier la petite révolution culturelle qu'a pu constituer l'arrivée de Félix Leclerc à Paris, et la découverte de la culture québécoise par la France de l'après-guerre. Cinquante ans plus tard, le triomphe – annoncé – de Céline Dion au Stade de France en juin prochain vient-il consacrer la réussite des échanges culturels entre France et Québec?

Alors qu'au Québec, les éditeurs ont beaucoup publié sur la chanson québécoise, la France ne lui a consacré que très peu d'études. Publié en 1978, le livre de Guy Millière, *Québec, chant des possibles*, s'appuie sur une bibliographie presque exclusivement québécoise et présente le point de vue québécois. Mais on ne s'est encore jamais vraiment interrogé sur la façon dont les Français percevaient le répertoire de leurs frères (ou cousins, c'est selon) d'outre-Atlantique; vision à chaud à travers la presse française, ou réflexions sur les apports de la francophonie à la chanson française au fil des ouvrages sur la chanson française depuis 1945. Exemplaire à maints égards, les *Cent ans de chansons françaises* de Chantal Brunswick,

Le disque D'Eux, *de Céline Dion, composé et réalisé par le français Jean-Jacques Goldman, remporte un succès phénoménal.*

CÉLINE DION ET JEAN-JACQUES GOLDMAN, 1995.
PonoPresse/Internationale. Photo: Michel Ponomareff

Félix Leclerc est le premier chansonnier du Québec à avoir réussi une percée en France. Il a ouvert la voie aux Vigneault, Léveillée, Charlebois et bien d'autres.

Archives nationales du Québec à Québec. Photo : François Lessard

Louis-Jean Clavet et Jean-Claude Klein permettent, au fil des éditions successives, de percevoir l'évolution du jugement français sur le répertoire québécois.

Folklore et cabarets Rive gauche (1950-1967)

Folklore et nostalgie

Avant l'arrivée de Félix Leclerc, la chanson canadienne se limite, pour les Français, au simple folklore : *Son voile qui volait*, reprise par Marie Dubas au Casino de Paris, ou *V'là l'bon vent*, enregistré par Raymond Legrand sous l'Occupation, avec comme sous-titre « vieille chanson canadienne ». Cette impression d'un répertoire presque exclusivement constitué de pièces autochtones ou issues de l'ancien folklore français perdure encore quelques années, avec un

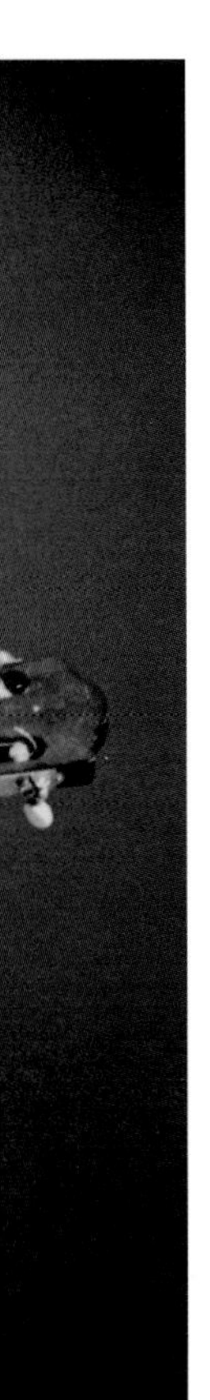

UN AMBASSADEUR DE LA CHANSON CANADIENNE

Au nombre des Canadiens qui en divers pays d'Europe contribuent à faire le bon renom de leur patrie, il convient de signaler M. Jacques Labrecque, virtuose du chant, qui a été acclamé à travers l'Angleterre et la France, où il a surtout tenu à faire connaitre et aimer les plus pittoresques chansons du répertoire canadien-français. On verra d'autres photos de cet artiste renommé de chez-nous en page 23.)

JACQUES LABRECQUE À PARIS DANS LES ANNÉES 1950.
Source : Michelle Labrecque

chanteur comme Jacques Labrecque, l'un des premiers à traverser l'Atlantique. Première vedette de la chanson québécoise, morte prématurément au début de la Seconde Guerre mondiale, la Bolduc serait restée à peu près inconnue en France sans l'ambassade imprévue de Charles Trenet. Alors en tournée à Broadway, le Fou chantant découvre Québec au cours d'une brève escapade et en rapporte trois chansons. Avec *Dans les rues de Québec* (1950), Trenet s'essaye au turlutage devant le public du théâtre de l'Étoile, après avoir expliqué au public qui était la Bolduc[1].

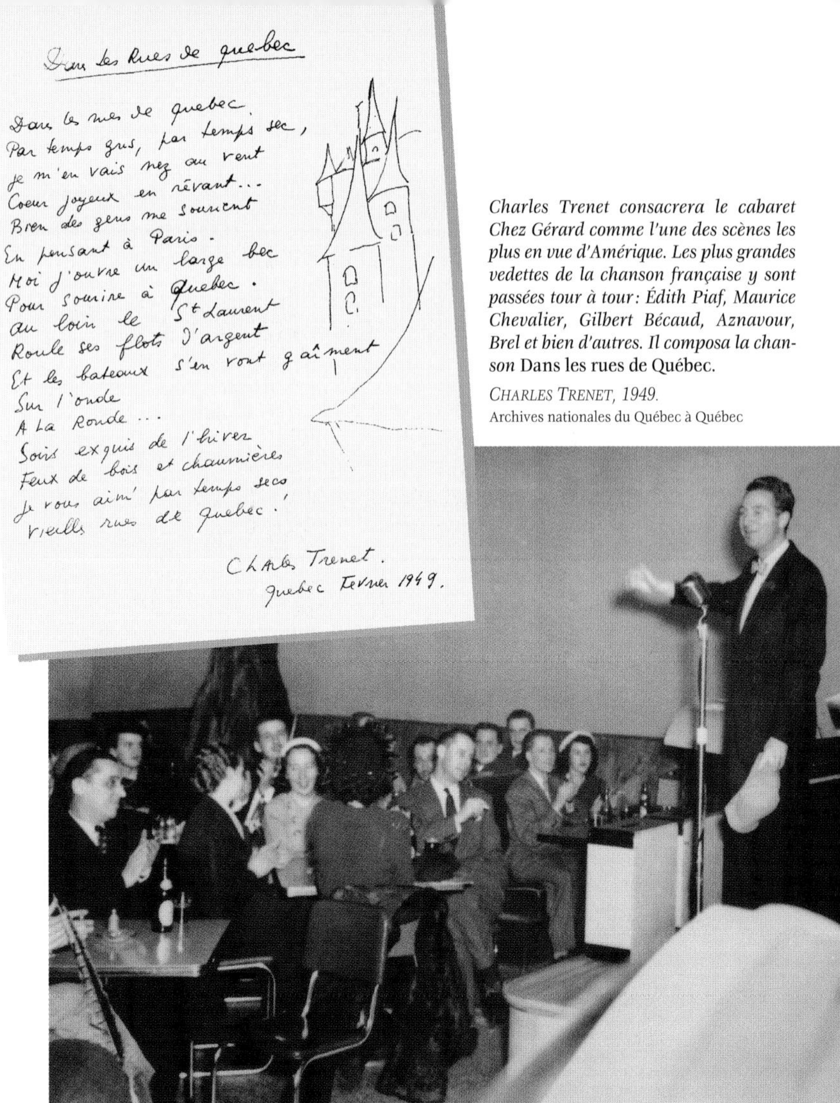

Dans les Rues de quebec

Dans les rues de quebec,
Par temps gris, par temps sec,
Je m'en vais nez au vent
Coeur joyeux en rêvant...
Bien des gens me sourient
En pensant à Paris.
Moi j'ouvre un large bec
Pour sourire à Quebec.
Au loin le St Laurent
Roule ses flots d'argent
Et les bateaux s'en vont gaîment !
Sur l'onde
A la Ronde...
Soirs exquis de l'hiver
Feux de bois et chaumières
Je vous aim' par temps secs
Vieills rues de quebec !

Charles Trenet.
quebec Fevrier 1949.

Charles Trenet consacrera le cabaret Chez Gérard comme l'une des scènes les plus en vue d'Amérique. Les plus grandes vedettes de la chanson française y sont passées tour à tour : Édith Piaf, Maurice Chevalier, Gilbert Bécaud, Aznavour, Brel et bien d'autres. Il composa la chanson Dans les rues de Québec.

CHARLES TRENET, 1949.
Archives nationales du Québec à Québec

Félix Leclerc, « le Canadien »

Découvert par Jacques Canetti, chargé de reconstituer l'écurie Polydor au lendemain de la guerre, Félix Leclerc débute à l'ABC, à partir du 20 décembre 1950. Raoul Breton, l'éditeur mécène de Charles Trenet, publie immédiatement dix « Chansons de Félix Leclerc, le Canadien ». Le chanteur reste 14 mois aux Trois Baudets dirigés par Canetti, remporte le grand prix du disque Charles-Cros en 1951 pour son premier microsillon, et entreprend une tournée à travers le pays en 1952-1953. Même si la consécration française donne à la carrière de Félix Leclerc un nouveau souffle, le chanteur semble plus

Jacques Canetti propose à Félix Leclerc de divertir ses clients à son cabaret des Trois Baudets. Félix présente le spectacle, donne son tour de chant et assure les liens entre les actes.

Théâtre des Trois Baudets mettant à l'affiche Le P'tit Bonheur *de Félix Leclerc, 1965.*
Archives nationales du Québec à Québec. Photo: Jean-Louis Frund

connu au Québec que les biographies, tant québécoises que françaises, veulent bien le montrer. Comme si on avait voulu donner à la France, de part et d'autre de l'Atlantique, le mérite d'avoir participé à la naissance de la chanson québécoise.

Chanteurs canadiens Rive gauche

Mais, hormis Leclerc, rien n'annonce encore un réveil. Le poids des institutions fédérales, dans les années 1950, contraint toute une génération de chanteurs à choisir la carrière parisienne. Présents dans les cabarets de la Rive gauche, ces artistes ne viennent pas promouvoir une chanson autochtone, ni prendre la défense d'une identité en exil, mais, essentiellement, se couler dans le moule de la «chanson à texte».

Durant son séjour de cinq ans à Paris, il se produisit dans les cabarets de Montmartre (Chez Patachou, Chez ma cousine) et les boîtes de la Rive gauche (L'Échelle de Jacob, L'Écluse). Ami de Georges Brassens, il l'accueillit lors de son passage Chez Gérard en 1961.

Raymond Lévesque, 1975.
Archives nationales du Québec à Québec. Photo : Daniel Lessard

Raymond Lévesque, installé entre 1954 et 1959 dans les cabarets de la Rive gauche dont L'Écluse, écrit pour Jean Sablon ou Eddie Constantine (*Quand les hommes vivront d'amour*, 1956). Claude Léveillée compose des chansons comme *Le vieux piano* pour Édith Piaf, qui l'avait remarqué et fait venir à Paris. Pauline Julien, elle-même, dans cette période de sa carrière, chante surtout le répertoire des chansons à textes, Léo Ferré, Brecht ou Boris Vian. Aglaé, découverte par Pierre Roche, pianiste de Charles Aznavour, qui l'épouse et la fait débuter à Paris, à L'Échelle de Jacob en 1952, paraît comme une insolite exception. Chanteuse fantaisiste, cultivant l'accent québécois, elle fait connaître à Paris des chansons comme *Le Petit Sauvage du Nord* de la Bolduc.

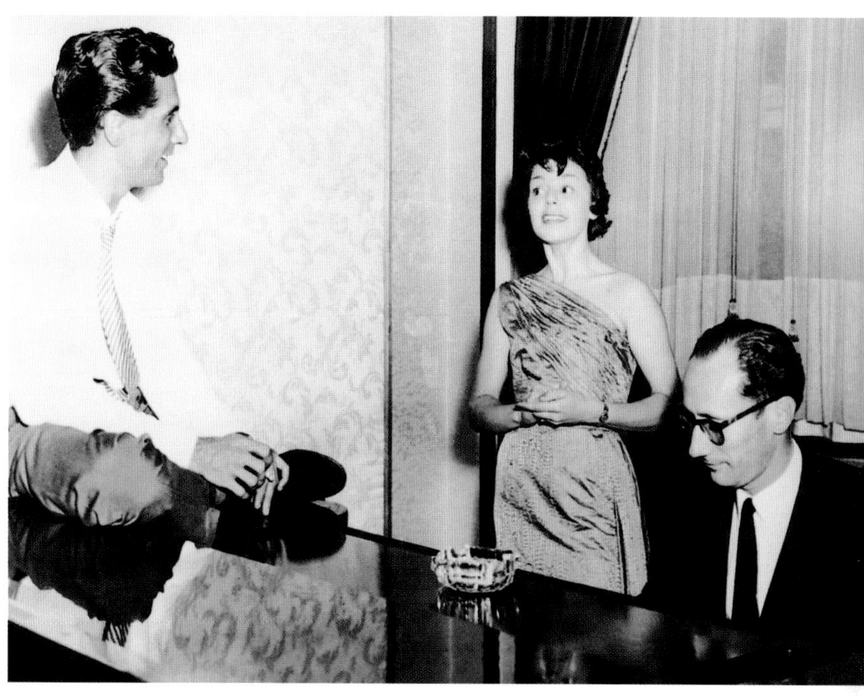

Josette France, mieux connue sous le nom d'Aglaé, fut consacrée vedette en France où elle se produisit tant dans les cabarets que dans les plus grandes salles. Pendant plusieurs années, elle défraya la chronique artistique des journaux parisiens et fut l'enfant chérie de la radio et de la télévision européennes. Elle a conquis Paris par sa fraîcheur et son naturel.

AGLAÉ AVEC GILBERT BÉCAUD ET PIERRE ROCHE.
Archives nationales du Québec à Québec. Photo : Gastinan

À la fin des années 1950, la création du groupe les Bozos ne semble pas rencontrer d'écho en France. Parmi eux, Jean-Pierre Ferland est le seul à percer plus tard en France, après 1967. « La chanson québécoise est décidément bien sortie de son provincialisme et de son folklore », note *Le Figaro* (25 février 1967), et Ferland est « tout le contraire d'un trappeur ». On voit, avec cet artiste, apparaître les premiers éléments d'une définition française de la chanson qu'on n'appelle pas encore québécoise : « Jean-Pierre Ferland est plein de cet humour qui fait actuellement défaut dans la chanson française parce qu'il ne tombe pas dans ce qu'on a la détestable habitude d'appeler "l'intellectualisme", et qui souvent n'est rien d'autre qu'une idée — plus ou moins banale — jetée entre deux vers, et parce qu'étant Canadien, il est encore capable de rester "primaire". Primaire, non au sens péjoratif du terme, mais avec tout ce qu'il contient de joies simples, d'attaques directes et de pureté. » (*Combat*, 25 février 1967)

Après avoir fait partie des Bozos qui ont fait les beaux soirs des cabarets de Montréal, Jean-Pierre Ferland chantera en solo. Avec sa chanson Feuilles de gui, *il remporta le Grand Prix du Gala international de la chanson à Bruxelles. L'année suivante, il donne un spectacle à Bobino. Aujourd'hui encore, il est un des chansonniers québécois les plus respectés.*

JEAN-PIERRE FERLAND, 1975.
Archives nationales du Québec à Québec. Photo: Daniel Lessard

La Nouvelle-France à la conquête de l'ancienne (1967-1979)

Les ouvrages québécois ont montré le rôle de relais de la chanson québécoise au moment de la Révolution tranquille. Cet aspect n'a sans doute pas été vraiment perçu en France, et n'a guère été souligné que par Guy Millière dans son livre *Québec, chant des possibles*. Cette chanson, soudain dynamisée, devait trouver un débouché en France.

Vive le Québec... libre !

En 1966, Bruno Cocatrix présente dans *Plein feu sur le Canada*, un récital de Monique Leyrac, peu connue en France, qui comportait 14 chansons de Gilles Vigneault. L'année suivante, deux mois après la visite historique du général de Gaulle au Québec, il organise, à l'Olympia, une série de spectacles intitulés *Vive le Québec* (18-20 septembre 1967), avec cet audacieux sous-titre: «Premier spectacle officiel du Québec». Les artistes de ce music-hall québécois, Vigneault en tête, sont accueillis par un compliment

MONIQUE LEYRAC, 1975.
Archives nationales
du Québec à Québec.
Photo: René Baillargeon

de Charles Trenet: «Salut, artistes du Québec! Bienvenue à Paris qui vous reçoit en ambassadeurs de la *Doulce France* d'Amérique.» Et Jacques Normand improvise, sur *Voyage au Canada* du même Trenet, un couplet sur le thème du voyage du général de Gaulle au Québec. «On craint un peu, note *Combat* (21 septembre 1967), d'être assailli par le pittoresque local dès qu'on entend les premières mesures de la trop fameuse *Claire fontaine*, et que le présentateur fait entrer en scène je ne sais quelle arrière-petite-fille authentique de Maria Chapdelaine; mais on est très vite rassuré. Le pittoresque n'est là que le temps d'une référence ironique et tout le temps du numéro de Clémence Desrochers.» L'initiative de Bruno Cocatrix reçoit le soutien du gouvernement du Québec, mais pas celui de la France, et est accueillie avec une certaine méfiance par une partie de la presse française. *Paris-Jour* (27 août 1966) ironise: «Cocatrix, donc, est pour le Canada 100%. Le Canada français, bien sûr! Il n'a pas eu le temps de se mettre au sirop d'érable ni d'aller dans le grand nord, mais il s'est découvert une ambition qui contraste avec ses anciennes passions *yé-yé*: il veut devenir le Jacques Cartier de la Chanson canadienne.»

Fidèle à la tradition orale, ce conteur-né a composé plusieurs grands classiques de la chanson québécoise.

GILLES VIGNEAULT, 1974.
Archives nationales du Québec à Québec. Photo : Daniel Lessard

C'est à partir de 1967 qu'on commence à utiliser, en France, ce générique de «chanson québécoise»; «ils y tiennent» précise *La Croix* (21 septembre 1967) tout comme *Témoignage chrétien* (1er décembre 1966), l'année précédente, à l'occasion de la sortie d'une «vague de microsillons venus du Canada»: «Vive la chanson canadienne! Ou plutôt, pour faire plaisir à Pauline Julien, vive la chanson québécquoise [*sic*]!»

Figure marquante de la chanson québécoise, Pauline Julien s'est fait connaître en France en interprétant des textes de Boris Vian, Léo Ferré et Bertold Brecht dans les années 1950. La France a reconnu son talent en la nommant Chevalier des Arts et Lettres et en lui décernant le Grand Prix de l'académie Charles-Cros.

PAULINE JULIEN, 1975.
Archives nationales du Québec à Québec. Photo : Daniel Lessard

Charlebois, le bûcheron au cœur tendre

Malgré des débuts malheureux à l'Olympia en 1969, Robert Charlebois marque de façon décisive la chanson québécoise au tournant des années 1970. Son répertoire est perçu, dès 1972, dans *Cent ans de chansons françaises* (p. 85), comme en rupture avec la chanson encore très traditionnelle de ses prédécesseurs. L'artiste bénéficie du prestige désormais reconnu de vedette québécoise ; à l'exotisme de l'accent s'ajoute la saveur déroutante du joual. « La question se pose tout de suite à savoir s'il faut essayer de suivre ses textes ou s'il faut les considérer comme

Robert Charlebois révolutionne la chanson québécoise et la fait entrer dans la modernité et l'américanité. Il prouve que le rock peut se chanter en québécois.

Robert Charlebois, 1974.
Archives nationales du Québec à Québec. Photo : François Lessard

un support rythmique dont le sens et l'intelligibilité n'ont guère d'importance. Ces textes sont abondants, riches d'emprunts à la mythologie anglo-saxonne et au folklore québécois, et l'on regrette souvent de ne pas les saisir mieux. » (*Combat*, 4 octobre 1972) Mais, malgré la rupture stylistique avec les années Vigneault, les images traditionnelles perdurent. *Le Figaro* (13 février 1983) adopte même, dans un article sur Charlebois, ce titre assez inattendu : « Le Bûcheron au cœur tendre ».

Avec Charlebois, c'est aussi une nouvelle conception de la carrière d'un chanteur québécois en France. Plus que la recherche d'une reconnaissance ou que l'idée d'un marché francophone élargi, apparaît désormais la conception d'une double carrière : « Mais avec le Québec et la France, confesse-t-il au quotidien communiste *L'Humanité* (26 août 1983), je fais deux carrières différentes ; bien que ce soit la même langue, plus j'avance et plus je me rends compte de ça. J'en tiens compte dans le choix des chansons, du montage du spectacle, et même dans le mixage des disques. La mentalité, la façon de s'habiller, les propos à tenir... tout est différent [...]. Il y a peut-être autant de différences entre ces deux carrières-là que si j'en faisais une en Allemagne et une en Angleterre... »

Drôle de Kébec

Les deux événements majeurs de la chanson québécoise, la Superfrancofête (1974) et la Chant'Août (1975), semblent passer inaperçus en France. Du moins, le second est-il « couvert » par deux journalistes de la presse hebdomadaire française, Robert Mallat (*Le Point*) et Lucien Rioux (*Le Nouvel Observateur*). Le retour aux sources de la culture francophone par le folklore correspond alors à la mode française du folk, inspirée de la *folksong* américaine, et les régionalistes français issus des mouvements soixante-huitards. « Au Québec, comme ici, le folklore s'accorde aux

C'est en criant haut et fort son identité par la voix de ses chansonniers que le Québec a pu se faire entendre.

Le fantaisiste Jacques Normand et les chansonniers Robert Charlebois, Gilles Vigneault, Félix Leclerc et Raymond Lévesque, 1975.

Archives nationales du Québec à Québec. Photo : Daniel Lessard

musiques, aux sonorités électriques de maintenant [...] mais ce n'est pas un folklore réinventé, ressuscité. » (*Le Monde*, 27 décembre 1975)

L'année de la Chant'Août, le palais de Chaillot reçoit *Le Kébec à Paris*, l'un des spectacles les plus ambitieux jamais présentés en France, sous les auspices du ministère des Affaires intergouvernementales de la province de Québec, qui lui apporte une subvention de 40 000 $. Le spectacle paraît composite et mêle la chanson québécoise plus traditionnelle, avec André Gagnon, Jean Carignan et Louise Forestier, au déferlement rock de Diane Dufresne : « Elle est l'autre Québec d'aujourd'hui, celui qui se tient aux lisières du monde américain. » (*Le Monde*, 27 décembre 1975) La star achève de donner aux Français l'image d'un Québec résolument moderne, tourné vers la société occidentale modèle américain. Spectacle sans doute déconcertant ; le *Figaro* du

Diane Dufresne sera la première artiste québécoise à remplir le Stade olympique avant d'aller conquérir la France. L'inspiration et l'adaptation québécoise de la culture américaine ont trouvé une représentante admirable en Diane Dufresne.

DIANE DUFRESNE.
PonoPresse/Internationale.
Photo : M. Ponomareff

23 décembre 1975 se contente d'un titre laconique : « Drôle de Kébec »...

N'importe ! L'hebdomadaire *Télérama* consacre à la chanson désormais « québécoise » un long article le 3 novembre 1976. Et, en 1977, la chanson québécoise pulvérise ses propres records au 11e MIDEM (Marché international de l'édition musicale) de Cannes. « Le succès que ces artistes rencontrent, a déclaré madame Thérèse David, mandatée par le gouvernement du Québec, coïncide avec les aspirations des Canadiens français à la recherche de leur identité. Le marché de leurs chansons représente 60 millions de dollars au Québec seul. » (*L'Humanité*, 26 janvier 1977) Le dynamisme conquérant de la chanson québécoise a pu faire supposer à d'aucun que le renouveau de la chanson viendrait de la Belle Province.

Les années clips et comédies musicales (1979-1999)

Au début des années 1980, la chanson québécoise connaît, après l'échec du référendum sur l'indépendance, une sorte de passage à vide. En Francc, lcs journaux, parlant d'abondance de « Moi plus vouloir chanter en créole », soulignent cette sorte de *mea culpa* culturel de Charlebois, sans peut-être en saisir la portée. Les ultimes « découvertes » d'artistes de la chanson québécoise se concentrent autour de 1979, avec Daniel Lavoie ou Plume Latraverse au Printemps de Bourges. À propos de ce dernier, la seconde édition de *Cent ans de chansons françaises* souligne : « C'est l'anti-Vigneault, l'anti-Charlebois, un chanteur pour pays en crise[2] » Dans ce reflux, plusieurs artistes ont essayé d'utiliser le courant de sympathie toujours vivace en France pour le répertoire québécois. Roch Voisine, à la fin des années 1980, peut exploiter un physique avantageux et la vogue du vidéoclip ; *Hélène* et d'autres titres en français

En 1980, Plume Latraverse gagne le Grand Prix international de la jeune chanson en France pour l'ensemble de son œuvre.

Plume Latraverse, 1975.

Archives nationales du Québec à Québec. Photo : Raymond Duguay

laissent le public français assimiler la vedette du moment à ses prédécesseurs québécois.

Dans un article du 2 janvier 1983 intitulé « La chanson québécoise à l'étroit », *Le Monde* souligne l'exiguïté du marché intérieur québécois et la distance géographique de l'Europe francophone. « Il est presque exceptionnel qu'un disque produit au Québec soit distribué en France, quel que soit le succès ou la qualité du produit en question... Quant à distribuer la chanson québécoise en Europe, les firmes françaises ne sont apparemment pas très intéressées. *Ça ne vous rend pas plus intelligent de vendre ce que d'autres ont découvert ou produit.* » D'où la tentation à l'uniformisation d'une industrie culturelle qui revendique un professionnalisme au niveau des grands majors internationaux.

Comédies-musicales-mania

La création de *Starmania*, le 10 avril 1979, au Palais des congrès de Paris, peut paraître comme le dernier triomphe des Québécois à Paris. Préparé de longue date par la radio, ce nouveau succès repose peut-être plus sur la popularité de Michel Berger en France que sur la qualité d'auteur québécois de Luc Plamondon. Ce spectacle, au format ambitieux d'opéra-rock, bénéficie d'une distribution franco-québécoise de premier ordre : France Gall, femme du compositeur, et Daniel Balavoine pour la France, Diane Dufresne et Fabienne Thibault pour le Québec. Cent mille spectateurs se pressent lors de la première série de représentations, et autant attendent des places quand la salle doit suspendre les représentations.

Le spectacle est remonté dans une version remaniée en 1988, au Théâtre de Paris puis au théâtre Marigny (15 septembre 1988 à novembre 1989). Son succès persistant incite les auteurs à donner l'année suivante une *Légende de Jimmy*, écrite pour Diane Tell, mais qui est loin de remporter le même succès.

En 1977, est lancé le disque Starmania *de Luc Plamondon et Michel Berger avec sa première distribution québécoise et française. Cet opéra-rock est toujours à l'affiche à Paris et fait salle comble à chaque représentation.*

LUC PLAMONDON ENTOURÉ DE DEUX INTERPRÈTES DE STARMANIA, *1995.*
PonoPresse/Internationale. Photo : Michel Ponomareff

En octobre 1993, le théâtre Mogador reprend la pièce avec une distribution québécoise, mais programme tous les vendredis soir la version anglaise, *Tycoon*, signée Din Rico, l'auteur de *Jesus Christ Superstar*. Affaiblissement ou disparition des origines franco-québécoises de l'ouvrage ? Car on peut être surpris qu'une partie du public français préfère l'œuvre dans son adaptation anglaise. Reprise à l'automne 1998, pour le vingtième anniversaire de sa création, *Starmania* partage l'affiche parisienne avec une nouvelle création de Luc Plamondon, *Notre-Dame de Paris*, écrite avec Richard Cocciante, qui doit son succès peut-être autant au matraquage médiatique — 150 000 places vendues avant la première — qu'aux qualités intrinsèques de l'œuvre.

Chanteurs de la comédie musicale Notre-Dame de Paris, *1998.*
Paroles de Luc Plamondon, musique de Richard Cocciante.
Délégation générale du Québec à Paris. Photo : Bertrand Sylvain

Petites québécoises interchangeables ?

Les années 1970-1980 ont vu naître une myriade de chanteuses québécoises, un peu toutes présentées sur le même modèle. Diane Tell profite de l'explosion des « radios libres » en France, après 1981, pour imposer une nouvelle forme de chansons, un peu plus commerciales. Sa compatriote Fabienne Thibault, lancée par le succès de *Starmania*, garde plusieurs années la vedette, avec une image plus traditionnelle, sinon plus stéréotypée : « Née d'un père artisan et d'une mère *un peu sorcière*, élevée dans une atmosphère *magique* où l'on chantait le soir à la veillée ; elle a su dès l'enfance qu'elle ferait carrière dans ce métier. » Rêve-t-elle de comédie musicale, une « Maria Chapdelaine » que lui aurait proposée Luc Plamondon ? Pour Broadway ? « Oh ! déclare-t-elle dans l'hebdomadaire féminin *Marie France* en décembre 1983, je ne parle pas tellement l'anglais et puis les Américains privilégient tellement le *glamour*. Je ne sais pas si je pourrais entrer dans ce jeu. Si j'ai été spontanément attirée par la France, c'est parce

Fabienne Thibault, Gilles Vigneault,
Diane Tell, Luc Plamondon, 1984.
PonoPresse/Internationale. Photo: Michel Ponomareff

que c'est ma langue et que j'ai été élevée avec les chansons françaises. C'est l'enfance de mes parents, la mienne, nos racines. »

Céline Dion, chanteuse fin de siècle

Lancée en 1982 par l'émission télévisée *Champs Élysées*, avec *D'amour et d'amitié*, Céline Dion vient chercher son premier disque d'or français l'année suivante (500 000 exemplaires vendus en France) et chante au gala d'ouverture du MIDEM. « Céline Dion : 15 ans, une voix de rêve, un avenir de vedette et une vie toute simple d'adolescente comme les autres », affirme *France Soir* (19 novembre 1983).

Après une courte retraite en 1986 consacrée à changer de look et à apprendre l'anglais, la vedette se métamorphose. Désormais, elle mène une double carrière en France et dans les pays anglo-saxons. Ses services de communication insistent, pour le marché français, sur la représentation, tant de fois brossée, de la petite Québécoise issue d'un milieu modeste,

Céline Dion et Eddy Marnay, 1984.
PonoPresse/Internationale.
Photo : Michel Ponomareff

dernière d'une famille de 14 enfants... toutes choses qui semblent soigneusement gommées dans le marketing destiné aux pays anglo-saxons. Au moment d'enregistrer une version allemande *D'Amour et d'amitié* en 1983, l'agence Angelil avait tenu à souligner l'importance de la chanson francophone dans la carrière de la petite Céline : « Je veux concentrer mes énergies sur la francophonie d'abord, a tenu à signaler Céline en terminant. » (*Le Journal de Québec*, 10 septembre 1983) Même refrain lorsque la vedette grave son premier album en anglais : le public francophone peut donc être rassuré... « Même ses plus sévères critiques, peut noter *Le Figaro* (12-13 décembre 1998), ne s'indignent pas qu'elle ne chante que six chansons en français pendant ses deux heures de show. »

Le marché du disque français reste un débouché important. L'album *D'eux*, paroles et musique de Jean-Jacques Goldman, s'est vendu à 3 millions d'exemplaires en 5 ans pour la seule France, auxquels viennent s'ajouter 4,5 millions d'albums dans le reste du monde. L'album intitulé au Québec *Céline Dion chante Plamondon* devient *Des mots qui sonnent* — un titre plus explicite ? — dans son édition française. Conquise par cette véritable « Célinemania », la France voit paraître, en 1998, des biographies (quatre en un an) qui cherchent à fixer l'image d'une star, désormais reconnue bien au-delà de la francophonie[3].

De nombreux artistes assistaient à cet événement. Raymond Devos était un ami très proche de Félix depuis le début de leurs carrières respectives.

DIANE TELL ET RAYMOND DEVOS LORS DU LANCEMENT, LE 26 FÉVRIER 1997, AU MINISTÈRE DE LA CULTURE, DE L'ŒUVRE LITTÉRAIRE *DE FÉLIX LECLERC, 1997.*
Délégation générale du Québec à Paris. Photo : Bertrand Sylvain

Le succès de la chanson québécoise en France est né d'un courant de curiosité et de sympathie du public français pour la culture du Québec, non sans un petit rien d'exotisme, autour de vedettes au talent immense comme Félix Leclerc ou Gilles Vigneault. Nul doute que cette mode a été entretenue – sinon suscitée – avec l'appui du gouvernement du Québec, comme pour apporter une reconnaissance internationale aux thèmes identitaires dont la chanson constitue un important vecteur. Cet effort est surtout sensible après 1967 et pendant la période d'*aggiornamento* de la société québécoise, dont Charlebois ou Diane Dufresne sont les principaux représentants.

L'essoufflement de la production musicale québécoise, après 1980, se fait sentir tout naturellement en France; mais les responsables des grands majors internationaux ont tout intérêt à entretenir les courants de sympathie qui traversaient la Vieille France il y a 15 ans encore, au profit de quelques noms et talents reconnus. La chanson québécoise n'est-elle actuellement en France qu'un avatar d'un star-system internationalisé, ou continue-t-elle à maintenir la vieille connivence culturelle entre vieille et nouvelle France ?

N.B. - Ce chapitre a bénéficié des informations disponibles dans les dossiers de presse constitués par le Département des arts du spectacle de la Bibliothèque nationale de France (série SW) et la Bibliothèque de la Délégation générale du Québec à Paris.

La chanson québécoise

Benoîte Groult
(Propos recueillis)

Benoîte Groult. Membre du jury du prix Femina. Auteure de plusieurs livres, notamment Ainsi soit-elle *(1975), B. Grasset;* Pauline Roland, ou Comment la liberté vint aux femmes *(1991), R. Laffont.*

BENOÎTE GROULT.
Vidéo interactif réalisé en 1999
par Luc Courchesne

Que rapportez-vous lorsque vous rentrez d'un séjour au Québec?

Des chansons! Je trouve que dans ce domaine il y a eu, au Québec, une vitalité extraordinaire qui replonge dans toutes les racines québécoises. Les chansons, que ce soient celles de Charlebois ou de Félix Leclerc, qui ont bercé un peu ma jeunesse, me sont très chères. La chanson a jeté un pont entre le Québec et la France. Plusieurs de vos chanteuses, Céline Dion étant la dernière, le traversent et viennent toucher le cœur des Français. Par la chanson, on s'est véritablement sentis vos cousins. On ne vous voit plus comme les habitants d'une lointaine colonie perdue au milieu de quelques arpents de neige, comme disait Voltaire.

L'auteur-compositeur-interprète Claude Léveillée débute à la radio et à la télévision comme comédien dans des émissions pour enfants. Il compose alors des chansons et se joint au groupe des Bozos. En 1959, il rencontre Édith Piaf et part avec elle pour une tournée de onze mois en France. À son retour au Canada, il connaît un succès retentissant. En 1975, il fera l'Olympia de Paris.

CLAUDE LÉVEILLÉE, 1976
Archives nationales du Québec à Québec. Photo: Bernard Vallée

4 Capteurs de rêves

Itinéraire d'un théâtre québécois en France

Marie Ouellet

Si la France, par son lien d'origine avec le Québec, a toujours été un *capteur de rêves* pour les poètes et les artistes français d'Amérique, l'Europe restait, jusqu'à il y a cinquante ans seulement, un mirage de références et de modèles, territoire difficile d'accès autrement que par l'imaginaire et le fantasme à cause de la distance géographique, mais aussi d'une barrière sociale et historique. «Les frontières de nos rêves ne sont plus les mêmes...» disait Paul-Émile Borduas dans *Refus global*, manifeste du groupe des automatistes, écrit en 1948. Plusieurs créateurs et créatrices de cette époque s'exilèrent. L'engagement total de ces artistes de toutes disciplines, leur radicalisme, la liberté de leur pensée ainsi que l'originalité de l'œuvre qu'ils et elles nous léguèrent, durant et malgré cette période d'obscurantisme au Québec, eurent un effet déclencheur qui entraîna dans un mouvement initiateur et irréversible toute la création québécoise pour les générations suivantes depuis cinquante ans et jusqu'à nos jours.

ROBERT LEPAGE DIRIGEANT JEAN CASEAULT DANS LA TRILOGIE DES DRAGONS.
Archives Ex Machina. Photo : Claudel Huot

Le peintre Borduas et ses amis automatistes publient ce texte incendiaire. Ce manifeste dénonce le passéisme et le conformisme de la société canadienne-française, attaque le clergé et plaide en faveur de la libération totale de l'individu.

Page couverture de Refus Global, *1948.*

Source : Françoise Tétu de Labsade

Les premiers pas

Jusqu'en 1970, les auteurs québécois n'arrivèrent pas à percer en France. Et l'œuvre dramatique de Claude Gauvreau n'est toujours pas connue ni jouée hors Québec, même s'il est un des plus grands auteurs du théâtre québécois. La langue et l'imaginaire de Réjean Ducharme sont appréciés en France depuis *L'Avalée des avalés*, mais on ne sait rien de son théâtre qui est l'un des plus originaux de la dramaturgie québécoise. Bien que des œuvres de Marcel Dubé, Françoise Loranger, Robert Gurik et autres auteurs québécois qui vinrent en France dans les années 1960 eurent peu de retombées à l'époque, ce fut pour la critique et le public français un premier contact avec une dramaturgie québécoise encore naissante. À propos de la pièce *Le Quadrillé*, de Jacques Duchesne, présentée au Théâtre de l'épée de bois à Paris, on pouvait lire dans la revue théâtrale *L'Avant-Scène* du 1er mai 1969 : « Que cet avant-goût aimable du théâtre québécois nous donne le désir (et l'occasion) de connaître d'autres œuvres, plus fortes, plus ambitieuses, nées elles aussi sur les rives du Saint-Laurent. »

Né à Paris de parents hongrois, il arrive à Montréal en 1950 et fait ses débuts comme dramaturge en 1963. Il crée, avec cinq autres auteurs, le Centre d'essai des auteurs dramatiques. Son œuvre est une remise en question de la société et du théâtre. Le Champion *ou* Cassius Clay - Muhammad Ali *sert de prétexte pour illustrer une tragédie moderne.*

Robert Gurik, Le Champion, *Théâtre/Leméac, Montréal, 1977*

Les Belles-Sœurs

C'est avec *Les Belles-Sœurs* de Michel Tremblay, mise en scène par André Brassard et jouée à Paris en 1973 à l'Espace Cardin, que le choc se produisit. Œuvre fondatrice de la dramaturgie au Québec, c'était la première pièce québécoise à connaître un véritable succès en France ; cette production marqua le public et la critique, si bien que tout un imaginaire collectif autour de la langue et de la culture du Québec, une mythologie du joual et de la société québécoise perdurèrent pendant longtemps en France.

La pièce Les Belles-Sœurs *de Michel Tremblay fut créée en 1968 au Théâtre du Rideau Vert de Montréal. Écrite en «joual», elle fit scandale. C'était la première fois que cette langue populaire avait droit de cité sur scène. Elle occupe une place considérable dans la dramaturgie québécoise.*

Denise Filiatrault, Denise Proulx, Hélène Loiselle, Germaine Giroux, Marthe Choquette, Luce Guilbeault, Josée Beauregard, Anne-Marie Ducharme, Odette Gagnon, Sylvie Heppel, Rita Lafontaine, Denise de Jacquère, Nicole Leblanc, Lucille Bélair, Germaine Lemyre participèrent à la première version.

Mise en scène: André Brassard. Décor: Réal Ouellette. Costume: François Barbeau.

Source: Théâtre du Rideau Vert. Photo: Guy Dubois

Centre des auteurs dramatiques

Fondé en 1965 par six dramaturges québécois, le CEAD, alors nommé Centre d'essai des auteurs dramatiques, commençait dès les années 1970 une longue conquête du territoire français avec ses auteurs. Parmi les lectures-spectacles qui eurent lieu, on compte: *Diguidi, diguidi, Ha! Ha! Ha!* de Jean-Claude Germain, *C'est tellement «cute» des enfants*, de Marie-Francine Hébert, *Une brosse*, de Jean Barbeau... Une réelle volonté de communication et de reconnaissance mutuelle se tissait entre le théâtre québécois et le théâtre français. C'était la découverte de toute une vague d'auteurs; quelques pièces furent offertes au public: ainsi, *Le temps d'une vie* de Roland Lepage et *À toi pour toujours, ta Mari-Lou,* de Michel

Tremblay. Le théâtre québécois naissait comme spécificité en France, une dramaturgie dont la quête d'identité se faisait à travers la langue et une certaine critique sociale.

Le Théâtre international de langue française

Pour la première fois, en 1977, un metteur en scène français montait un auteur québécois à Paris. Il s'agit de Gabriel Garran, qui créait *Quatre à quatre,* de Michel Garneau, au Théâtre de la Commune d'Aubervillers, puis au Théâtre national de Chaillot et en tournée. La pièce fut jouée avec une distribution de deux générations de trois comédiennes québécoises et d'une actrice française. Gabriel Garran parle d'une aventure relationnelle extraordinaire. Pionnier, c'est lui qui fit connaître la Ligue nationale d'improvisation en France. C'est un ami des créateurs et créatrices du théâtre québécois qu'il considère comme des auteurs qui savent écrire pour les acteurs, et particulièrement pour les rôles de femmes. Pour lui, le théâtre québécois est ancré sur des préoccupations actuelles et des réalités scéniques. Montant par la suite cinq autres créations québécoises, il fut le principal artisan du

JEAN-CLAUDE GERMAIN. Source : Agence Goodwin

théâtre international de langue française

Gabriel Garran a comme objectif un théâtre qui soit le reflet de la multiplicité des êtres qui composent la communauté humaine.
Gabriel Garran, directeur, Théâtre international de langue française. TILF.
Pavillon du Charolais,
d'après une photo de Pascal Maine.
Source : Gabriel Garran

succès de Marie Laberge en France. *L'Homme gris* connut 240 représentations. Le Théâtre international de langue française (TILF), créé en 1986 par Gabriel Garran, est une « entreprise qui se destine à la diversité des trajectoires de langue française à travers le monde et est empreinte d'une convivialité à la fois mobile, investigatrice et créatrice », peut-on lire dans le dossier de présentation de la pièce *Le faucon* de Marie Laberge, montée en 1996 pour célébrer le 10e anniversaire du TILF.

À Paris, « Théâtrales / l'Association » est de longue date une complice intime du Centre des auteurs dramatiques à Montréal, grâce à une rencontre, en 1984, entre Hélène Dumas, alors directrice du CEAD (maintenant directrice de projets au théâtre Ubu) et Marie-Agnès Sevestre, alors directrice de Théâtrales (maintenant directrice de la scène nationale de l'Hippodrome de Douai). Les deux organismes ont une vocation semblable, celle de faire connaître les nouveaux auteurs et les textes du théâtre contemporain. La curiosité mutuelle entre Théâtrales et le CEAD pour les dizaines de textes échangés entre des comités de lecture à Montréal et à Paris, a été le coup d'envoi d'un intérêt des metteurs en scène français pour le théâtre québécois. Si jusqu'à présent Michel Tremblay était «l'arbre qui cachait la forêt», on découvrait d'autres jeunes auteurs, d'autres manières d'écrire, d'autres soucis dramatiques, d'autres sociétés. Pour Marie-Agnès Sevestre, l'écriture est «le moteur qui fait avancer le théâtre». D'où l'importance des centres de documentation qui mettent à la disposition des gens de théâtre des manuscrits et publications de la dramaturgie actuelle, contribuant ainsi à faire connaître des textes québécois en France et des textes français au Québec.

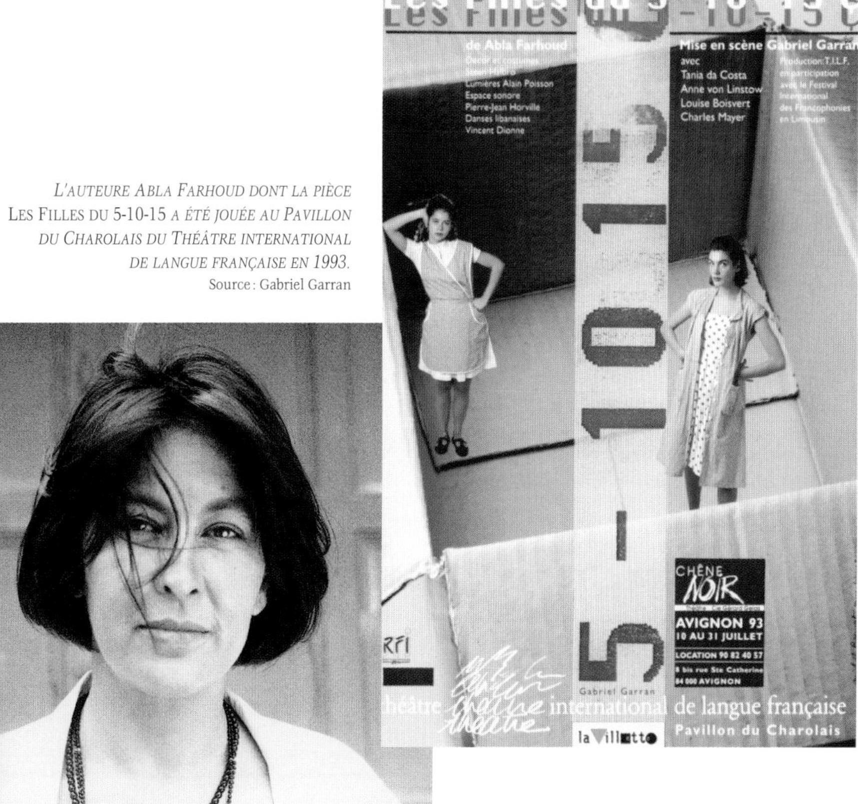

L'auteure Abla Farhoud dont la pièce Les Filles du 5-10-15 *a été jouée au Pavillon du Charolais du Théâtre international de langue française en 1993.*
Source : Gabriel Garran

Une saison québécoise

AUTOUR DE L'ÉCRITURE DRAMATIQUE
20 JANVIER - 24 MARS 1997

théâtre
lectures scéniques
débats
rencontres
concert
films
exposition
ateliers d'écriture
librairies

Complices de longue date, le CEAD (Centre d'Essai des Auteurs Dramatiques) de Montréal et Théâtrales/l'association n'en sont pas à leurs premiers échanges.
Une manifestation intitulée Paris/Montréal, en 1991, a marqué le coup d'envoi d'une étroite collaboration. Des auteurs dramatiques des deux bords avaient traversé l'océan à la rencontre de metteurs en scène, d'acteurs, d'éditeurs, de journalistes...
Depuis, ces deux associations n'ont eu de cesse de se faire partager leurs coups de cœur pour les pièces de théâtre et les auteurs dramatiques qu'elles découvraient – de par leur vocation similaire : la diffusion des nouvelles écritures dramatiques – chacune de part et d'autre de l'Atlantique.
Il y a dans la salle de lecture de Théâtrales bon nombre de pièces québécoises. Et dans la bibliothèque du CEAD, une bonne part du répertoire de Théâtrales.
Vint bientôt le désir de recommencer.
Avec, cette fois, un troisième partenaire : le Théâtre Artistic Athévains.
À la suite d'un voyage au Québec, pour le Festival de théâtre des Amériques, Anne-Marie Lazarini a eu l'idée d'inviter deux auteurs dramatiques québécois en résidence au Théâtre Artistic Athévains.
Parrainés par le CEAD, Wajdi Mouawad et Carole Fréchette ont accepté l'aventure et seront, avec Marie-Line Laplante et Daniel Danis, parmi les auteurs présentés par Théâtrales dans le cadre de **Passerelles,** manifestation accueillie par le Théâtre du Rond-Point des Champs-Elysées/Compagnie Marcel Maréchal.
Ainsi est née ***Une saison québécoise.*** Une heureuse façon pour Théâtrales et les Athévains de conjuguer leurs efforts et leur désir de faire découvrir au public français la vitalité de l'écriture contemporaine québécoise.
Cet événement trouvera sa résonance à Montréal, en mai 1997, lors du prochain Festival de théâtre des Amériques.

Théâtrales/l'association
Paris

Théâtre Artistic Athévains
Paris

cead

Centre des Auteurs Dramatiques
Montréal

Après la manifestation de Paris/Montréal en 1991, le Centre des auteurs dramatiques de Montréal, Théâtrales/l'Association et un nouveau partenaire, Théâtre Artistic Athevains, partagent leurs coups de cœur pour les pièces de théâtre et les auteurs dramatiques et font découvrir la vitalité de l'écriture contemporaine québécoise.

PROGRAMME DE UNE SAISON QUÉBÉCOISE, *1997.*

Source : Marie Ouellet. Photo : Jacques Lessard

Carole Fréchette.
Photo : Robert Laliberté

Parlant de la résidence des auteurs québécois Carole Fréchette et Wajdi Mouawad au Théâtre Artistic Athevains à Paris, Anne-Marie Lazarini, qui en est la directrice artistique, parle d'« une vraie rencontre avec des auteurs qui ne pensent pas le monde de la même façon alors qu'on parle la même langue ».

Depuis vingt-cinq ans, un réel dialogue semble s'être engagé entre dramaturgie québécoise et dramaturgie française, par la voix des auteurs et des structures qui les mettent en présence, là où enfin les liens de parenté entre Québécois-Français d'Amérique et Français de France ne sont plus superficiellement une question de folklore, avec ce regard jadis condescendant des Français sur leurs « cousins Québécois » et leur « parler rugueux ». En cette fin de siècle, c'est une exigence planétaire d'avoir la conscience historique et politique que la santé d'un peuple, d'une langue, d'une collectivité, d'une expression réside dans sa diversité.

AFFICHE DU 15ᵉ FESTIVAL INTERNATIONAL DES FRANCOPHONIES EN LIMOUSIN. LE RENDEZ-VOUS DES THÉÂTRES FRANCOPHONES, 1998.
Source : Festival international des francophonies en Limousin

Les rencontres en Limousin

Dans la brochure présentant le quinzième anniversaire du Festival des francophonies en Limousin, Monique Blin parle de « favoriser le partage d'expériences théâtrales entre les hommes et les femmes de cultures différentes et de langue commune pour que s'ouvrent les yeux, les esprits et les cœurs sur le monde d'aujourd'hui ». Pour la première fois, en 1986, Robert Lepage se présentait en France avec sa pièce *Vinci*. À propos de *La trilogie des dragons* qui fut jouée l'année suivante, Monique Blin dit qu'il s'agit véritablement d'une pièce francophone, dans son essence, à cause du parcours proposé, cette traversée dans le temps et dans un espace non localisé à travers lequel Robert Lepage exprime sa préoccupation d'universalité.

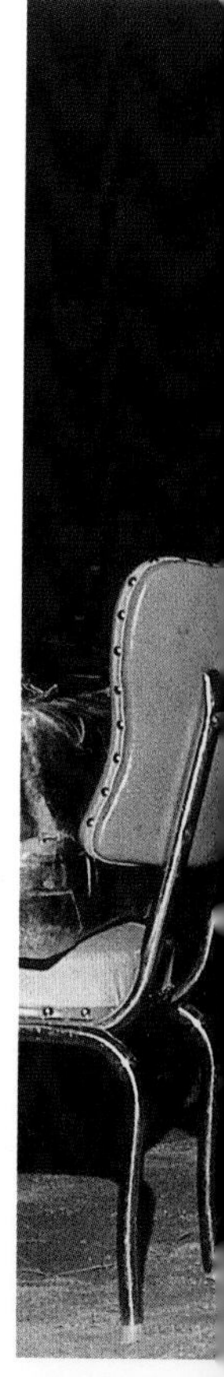

Les feluettes, cette pièce de Michel Marc Bouchard mise en scène par André Brassard et présentée au Festival des francophonies en 1988, remporta un vif succès. Pour Guy Teissier, professeur spécialiste du théâtre québécois en France, le spectacle *Les feluettes*, qui était sa première rencontre avec ce nouveau théâtre venant du Québec, a été un véritable choc. C'est une pièce qu'il considère d'avant-garde pour l'époque à cause des thématiques abordées, rarement mises en scène dans le théâtre français. Pour lui, les Québécois abordent les sujets de société en prise directe, là où les personnages, non récupérés,

William S. Crawford (Robert Lepage) et Françoise Lamontagne (Marie Gignac) en train pour Toronto dans La trilogie des dragons.
Archives Ex Machina. Photo : Claudel Huot

Wajdi Mouawad, Littoral, *1998.*
Théâtre O Parleur, Québec.
Source : Festival international des francophonies en Limousin.
Photo : Pascal Sanchez

posent aux spectateurs le problème de leur libération. «Au-delà de l'anecdote sentimentale, faut-il lire cette passion (dans le double sens du mot, mêlant sentiments et souffrances) franco-québécoise comme une volonté – plus ou moins consciente de la part de Bouchard – d'analyser et de mettre en scène les rapports parfois difficiles et heurtés entre le Québec et la France ?»

À propos de *Littoral*, présentée à Limoges à l'automne 98, l'auteur et metteur en scène québécois d'origine libanaise Wajdi Mouawad dit de son spectacle : «*Littoral*, c'est la quête des origines, un questionnement sur le souvenir, mais aussi la quête de l'autre : nous vivons à une époque où parler d'amour est peut-être ce qui existe de plus provoquant. Le moment important, c'est quand on reconnaît l'autre.» Pour Monique Blin, «Wajdi Mouawad a une pensée orientale et *Littoral* est un spectacle exceptionnel, tant dans la manière d'aborder les thèmes que dans la mise en scène et le jeu des acteurs, très gestuels, performatifs et qui portent en eux toute l'écriture de Wajdi». Pour Guy Teissier, «c'est un théâtre direct, poétique, à la fois réaliste et complètement irréaliste». Il aime cet aller-retour du concret et du symbolique, entre des scènes drôles et des scènes tragiques. Et pour lui, la situation de départ, la juxtaposition de l'acte sexuel et de la mort du père, serait impossible à imaginer en France.

Théâtre Ouvert

Micheline et Lucien Attoun, directeurs de Théâtre Ouvert, entretiennent des relations avec le théâtre québécois depuis 1978. Créé à Avignon en 1971, mais sans lieu fixe pendant 10 ans, Théâtre Ouvert est, depuis 18 ans, localisé au Jardin d'hiver, un autre «capteur de rêve» à Paris. Avec sa scène suspendue au-dessus d'un immense trou laissé par l'exploitation de mines de chaux, ce Centre dramatique de création nationale est un ancien entrepôt du fameux Moulin Rouge de la place Blanche, situé à deux pas de la maison de Boris Vian, et un mur seulement sépare ce théâtre de l'atelier où travaillait Jacques Prévert. De quoi faire rêver toute une génération d'écrivains et d'artistes québécois! C'est en 1993, lors de la découverte et de la création de *Celle-là* de Daniel Danis, qu'a commencé ce qu'appelle Micheline Attoun «un long compagnonnage» avec cet auteur québécois, depuis lors très joué en France. Ce fut, dit-elle, un tournant dans la relation entretenue avec le Québec. Parlant de Daniel Danis, Micheline Attoun dit qu'il y a chez cet auteur un «lyrisme particulier des images et des expressions dont on ne sait pas toujours si elles sont empruntées à la langue

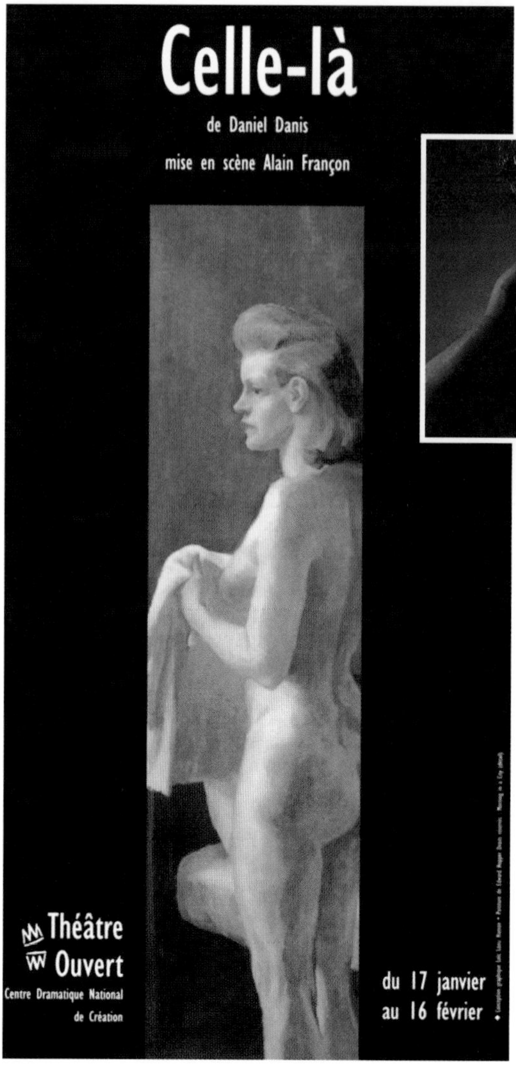

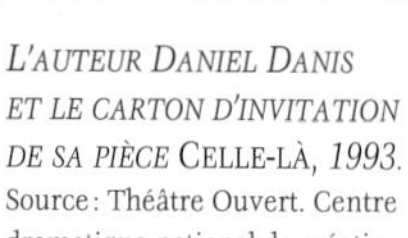

L'auteur Daniel Danis et le carton d'invitation de sa pièce Celle-là, *1993.*
Source : Théâtre Ouvert. Centre dramatique national de création

québécoise ou à l'imaginaire poétique de l'artiste ». Christine Murillo, comédienne française qui participa à la mise en espace de *La langue des chiens de roche*, dernière pièce de Daniel Danis, à l'automne 1998 par le metteur en scène Michel Didym, parle de « l'imagination dans les pièces québécoises qui est souvent allégorique et surréaliste ». Percevant le théâtre comme danger de mort, elle dit aussi que c'est l'oppression qui entraîne ce besoin de hurler sa détresse.

Carton des Auteurs en chantier présentant plusieurs pièces québécoises dont La langue des chiens de roche *de Daniel Danis, 1998.*
Source : Théâtre Ouvert. Centre dramatique national de création

Quelques perceptions du théâtre québécois en France

Pour Anne-Marie Lazarini, metteure en scène française dont le premier contact avec le théâtre québécois se fit lors du Festival de théâtre des Amériques où elle était invitée en 1993, il y a dans le théâtre québécois « une prise au corps de la langue » ; c'est une écriture liée à son temps, au monde actuel. Elle perçoit les auteurs québécois comme très collés au réel ; il y a dans leur écriture une part de violence subie au quotidien. Pour elle, c'est dans la capacité de l'auteur et du metteur en scène à transcender la réalité tout en parlant d'elle que réside la force d'une écriture. Pour Guy Teissier, le théâtre québécois est sensuel ; on arrive à ressentir les odeurs, la terre ; l'espace y a plus de présence qu'en France où il existe souvent une rupture entre les sujets de société et la recherche formelle. Si « le théâtre français est un théâtre qui superpose des couches de culture », le théâtre québécois, selon Mireille Davidovici, directrice de Théâtrales l'association, « est un théâtre qui va DROIT, qui est moins dans la citation, donc plus

La directrice parle d'«une vraie rencontre avec des auteurs qui ne pensent pas le monde de la même façon alors qu'on parle la même langue».

Anne-Marie Lazarini, directrice artistique du Théâtre Artistic Athevains.

Source : Théâtre Artistic Athevains. Photo : Sophie Steinberger/Enguerand

libre avec le public». Une grande force des auteurs québécois serait qu'ils pensent toujours au public. François Rancillac, metteur en scène français, parle de la difficulté qu'on a en France à accepter que l'écriture théâtrale québécoise ne soit pas que littéraire, mais qu'elle puise aussi dans une culture plus populaire, une «culture» du roman et de la «télé». Pour Robert Abirached, spécialiste de l'écriture théâtrale contemporaine en France, «les auteurs québécois sont dans le public, alors que les auteurs français tournent le dos au public». Il manque, dit-il, dans le théâtre français des vingt dernières années une présence au monde, une mise en scène du contemporain et de l'intime.

***Joie* au Théâtre du Soleil**

Accueillie spontanément par Ariane Mnouchkine au Théâtre du Soleil peu de temps après son passage au Festival à Limoges, Pol Pelletier donna son spectacle *Joie* à la Cartoucherie de Vincennes en décembre 1993. Non seulement la performance d'actrice de Pol Pelletier a ébloui par ce qu'elle offre de globalité, d'énergie, de concentration et d'amour du théâtre, mais aussi, cette présence inhabituelle, dérangeante de l'actrice sur scène, d'une femme qui parle sans détour ni artifice, a bouleversé le public français qui n'a que peu d'occasions de voir et d'entendre une réflexion si contemporaine et si prompte à sortir des sentiers battus.

Pol Pelletier dans Joie.
Photo : Fabienne Sallin

Amitiés théâtrales

***Traduction des* Muses orphelines**

Michel Marc Bouchard, craignant que ses pièces ne soient jamais jouées en France à cause des écarts de langue, demanda à l'auteure française Noëlle Renaude, avec qui il partage des liens d'amitié professionnelle, de faire une traduction des *Muses orphelines*. Le projet se réalisa en collaboration avec le CEAD et Théâtrale s/ l'Association. Mireille Davidovici parle d'« une écriture à quatre mains entre des auteurs qui ont des sensibilités proches ». Pour Marie-Agnès Sevestre, c'est un travail d'auteur à auteur, très porteur de réflexion sur la distance qui sépare le Québec de la France. La rencontre de Michel Marc Bouchard avec Noëlle Renaude est une rencontre de la différence. Pour celle-ci, les Québécois sont Américains du Nord avant d'être des anciens Européens. « La traduction, c'est reconnaître que le québécois est une vraie langue. Toucher à la syntaxe, c'est toucher au cœur de la langue et la seule manière de faire une traduction. »

Michel Marc Bouchard, dramaturge.
Photo : Robert Laliberté

CAROLE FRÉCHETTE, LES QUATRE MORTS DE MARIE, *1998.*
Théâtre Gérard-Philipe de Saint-Denis.
Mise en scène : Catherine Anne. Cie À Brûle Pourpoint.
Source : Marie Ouellet

Les quatre morts de Marie

Catherine Anne est comédienne, écrivaine, metteure en scène et directrice artistique de la compagnie française À Brûle Pourpoint. Dans son théâtre, il y a cette tension d'arriver à « parler de ce qui nous agite, ce qui est en train de bousculer l'être ; que ce soit la rencontre avec l'autre, le désarroi, l'absence de Dieu, la blessure, la séparation, quelque chose se met en mouvement pour essayer de dire l'indicible, d'autant plus difficile à dire qu'on le dit à l'autre ». C'est suite à une « rencontre d'affinités » avec l'auteure québécoise Carole Fréchette, puis en lisant ses pièces qu'elle décida de mettre en scène *Les quatre morts de Marie*. Le spectacle fut créé au théâtre Gérard-Philipe en 1997. Catherine Anne parle d'un rapport à la sincérité entre Carole Fréchette et elle. Les deux partent plus d'une nécessité que d'une idée, et leur parcours est « une écriture pierre à pierre, mot à mot ».

Équipe de Saganash *qui a joué au Théâtre d'Aujourd'hui, 1994.*
Source : François Rancillac. Photo : Daniel Kieffer

Saganash

C'est avec la complicité du metteur en scène François Rancillac que Jean-François Caron écrivit sa pièce *Saganash*, une aventure qui dura presque deux ans, une collaboration étroite nourrie de distances et d'allers-retours fréquents entre Montréal et Paris. Les pièces de Jean-François Caron sont porteuses des problèmes de l'identité et de l'indépendance, et ce travail de création à deux fut, pour François Rancillac, une découverte du Québec, un échange vif sur le pays entre deux créateurs préoccupés par la perte du projet de société dans les années 1980. Outre ce défi de « retrouver une fluidité de la langue sans faire du "faux-québécois", de la jouir comme une langue autre, étrange », il y avait ce questionnement sur ce qu'est la rencontre de l'autre. Si, pour Jean-François Caron, les Québécois ne se parlent pas, pour François Rancillac c'est tout l'Occident qui ne se parle pas. Cette peur de l'autre et de soi... Les Occidentaux ont perdu quelque chose de l'ordre de la parole. Dans *Saganash*, il y avait ce questionnement, à travers ces « couples étrangers », que ce soit au sein d'une même famille, d'un même pays, de cultures ou de continents distincts...

Le Français François Rancillac et le Québécois Jean-Claude Caron.
Source : François Rancillac

Conclusion

Depuis les années 1980, un réseau d'échanges très serré existe entre le Québec et la France pour la reconnaissance et la diffusion du théâtre. C'est en voulant suivre cet itinéraire captivant de la création actuelle que nous avons été entraînés dans un mouvement de spirale. Ce tissu de relations étroites entre le théâtre québécois et le théâtre français à la fin des années 1990 est à l'image des « capteurs de rêves », ces anneaux de laine ou de coton tissés et colorés avec des billes, des plumes, et autres objets magiques cousus dans la toile. Porte-bonheur ou mobiles tintants qui attrapent les spectres quand on les frôle, ces irrésistibles capteurs de rêves sont aussi comme la toile d'araignée qui attrape les mouches, ce filet du pêcheur qui capte l'imaginaire des artistes : Paris tentaculaire, Ville Lumière, le monde entier dans une ville ! Miroir aux alouettes des artistes, des poètes, des rêveurs, Paris, même si on parle de décentralisation, comme toutes les grandes capitales, reste le lieu de commerce du théâtre dans toute la francophonie. C'est à Paris et de Paris qu'on espère percer l'étendue des possibles de création et de diffusion. Il s'y entretient beaucoup d'espoir et de luttes. Mais peu sont les élus... (En France il y a 800 compagnies théâtrales dont 300 en Île-de-France.) Même s'il existe ici, là et

Daniel Danis, Cendres de cailloux, *1996*.
Mise en scène : Rosemary Fournier.
Production : Logomotive Théâtre.
Avec Karine Dahache, Cécile Brunel, Jean-Paul Viot.
Source : Logomotive Théâtre.
Photo : Siloé

partout une politique de prestige de théâtre international avec à sa tête ceux que certains Français appellent « la gauche caviar », soutenant de grosses superproductions, des spectacles de mieux en mieux faits, avec un savoir-faire et beaucoup d'argent, théâtre de consommation complètement déconnecté des problèmes de la Cité, le théâtre, pour Wajdi Mouawad, est « la chose la plus dépouillée qui soit. Il suffit de quelqu'un debout avec un texte et de quelqu'un qui vous regarde. » Dans cette jungle des villes, il subsiste malgré tout une zone de reconnaissance et d'humanité d'où naît encore un théâtre d'urgence, ce théâtre, comme le dit François Rancillac, qui s'invente en questionnant le monde et nos différences, un théâtre qui essaie de réveiller des consciences, ce *Théâtre Citoyen*, ce creuset de propulsion dans la Cité qui nous dit : « Est-ce qu'on essaie de rêver nos vies ? »

> Au-delà de nos catastrophes de cœurs, nous resterons toujours fidèles l'un à l'autre. Mon amitié pour toi est si grande que malgré toi je resterai ta force. Ton amitié est si claire que tu n'as qu'à ouvrir la bouche pour que moi, pauvre rêve, je parte en voyage. [...] Rien n'est plus fort que le rêve qui nous lie à jamais.
>
> (Extrait de *Littoral* de Wajdi Mouawad)

DANIEL DANIS, CENDRES DE CAILLOUX, *1996.*
Mise en scène: Rosemary Fournier.
Production: Logomotive Théâtre.
Avec Karine Dahache, Jean-Paul Viot.
Source: Logomotive Théâtre. Photo: Siloé

WAJDI MOUAWAD. LITTORAL, *1998.*
Théâtre O Parleur, Québec.
Source: Festival international des francophonies en Limousin.
Photo: Pascal Sanchez

N.B. Ce travail de réflexion sur les liens entre le théâtre québécois et le théâtre français a été rendu possible grâce à la générosité des personnes rencontrées à Paris, tant au niveau des échanges que j'ai eus avec elles, mais aussi pour toutes les informations et la documentation qu'elles m'ont fournies. Merci à Guy Teissier, à Monique Blin, à Anne-Marie Lazarini, à Mireille Davidovici, à Micheline Attoun, à Marie-Agnès Sevestre, à François Rancillac, à Christine Murillo, à Noëlle Renaude, à Catherine Anne, à Robert Abirached, ainsi qu'à Marlène Danis, responsable des relations publiques à Théâtre Ouvert, Évelyne Panato et Françoise Mauris de La Maison du Geste et de l'Image à Paris, Mireille Lacroix, responsable du théâtre, de la danse et de la musique aux Services culturels de la Délégation générale du Québec à Paris, et à Diane Miljours, anciennement responsable des Arts de la scène aux Services culturels du Centre culturel canadien et maintenant directrice du Centre des auteurs dramatiques à Montréal. Merci particulièrement à Ursula Matlag, responsable de la Bibliothèque de la Délégation générale du Québec à Paris, qui m'a mise en contact avec une documentation formidable retraçant l'itinéraire du théâtre québécois en France depuis ses débuts.

Quatrième partie

Les nouvelles technologies comme lieux d'échanges

Hervé Fischer

Le village Internet et les liens franco-québécois

Le roman télématique *Marco Polo* et la naissance de la Cité des arts et des nouvelles technologies de Montréal

Le tunnel virtuel sous l'Atlantique : un projet artistique

Emmanuel Carlier. Temps morts, *1996*.
Installation vidéo 3D.
Source : Hervé Fischer, *Images du futur*, Cité des arts et des nouvelles technologies de Montréal

Le village Internet et les liens franco-québécois

Les relations franco-québécoises dans le domaine de la culture et des industries des nouvelles technologies de communication ont déjà une histoire significative. L'Internet permet enfin aux deux pays de se brancher... Je pense concrètement à des échanges par Internet entre des écoles françaises et québécoises, à des inventaires du patrimoine (mission recherche et technologie au ministère français de la Culture, dirigé par Jean-Pierre Dalbéra), à la numérisation des livres conservés par les grandes bibliothèques de France et du Québec, à des moteurs de recherche francophones spécialisés.

Il me semble que ces nouvelles technologies vont considérablement rapprocher le Québec et la France et qu'il ne peut s'agir pour le Québec de rien de moins qu'une grande priorité, contribuant à rééquilibrer la position de la langue française et de la culture québécoise dans le grand ensemble anglophone nord-américain. Je crois aussi que la France a besoin du Québec, non seulement pour entrer sur le marché nord-américain ouvert par l'ALENA, mais aussi pour renforcer l'espace francophone, qui est vital pour elle.

Le Café électronique de Montréal est le premier café du genre au Canada. Il donne accès à l'inforoute ; il dispose de 27 écrans et peut accueillir 150 personnes. Ginette Major, qui a lancé ce projet avec Hervé Fischer, présente le café «comme un lieu de rencontre pour tout le monde qui a envie de faire quelque chose dans le domaine de l'électronique, une sorte d'agora, de lieu d'échanges où on peut s'initier aux nouvelles technologies».

AFFICHE DU CAFÉ ÉLECTRONIQUE, MONTRÉAL.
Photo : Josée Lambert

En plus de célébrer le 30e anniversaire de la création de l'OFQJ au Café électronique juste avant Noël, on lançait la BPS, la Banque de programmes et services, créée par la 5e Chaîne française pour numériser ses programmes de télévision éducative et les rendre accessibles par téléchargement dans le réseau des écoles. Télé-Québec signait officiellement l'accord de partenariat pour se joindre à la BPS.

LUCIEN BOUCHARD ET LIONEL JOSPIN AU CAFÉ ÉLECTRONIQUE DE MONTRÉAL, 1998.
Source : Hervé Fischer, Cité des arts et des nouvelles technologies de Montréal

L'Internet relie instantannément et virtuellement, avec une extraordinaire efficacité, deux peuples que l'histoire et plus de 5 000 km avaient éloignés. L'Internet relie des hommes et des femmes, deux cultures, deux industries, deux marchés, peut-être deux politiques. C'est un grand rêve qui se réalise à la veille de l'an 2000. Le village global se tisse et permet de faire des vœux pour une heureuse fin de millénaire.

Le roman télématique *Marco Polo* et la naissance de la Cité des arts et des nouvelles technologies de Montréal

C'était en 1985. Le roman télématique francophone *Marco Polo* réunissait avec Italo Calvino et Umberto Eco huit écrivains de France (Jacques Lacarrière, Bertrand Visage et Florence Delay), d'Afrique (Sony Labou Tansi, Abdelaziz Kacem et Jean-Marie Adiaffi), du Québec (Louis Caron) et du Nouveau-Brunswick (Jacques Savoie), selon une structure ouverte invitant les écrivains à écrire chaque jour, pendant 12 jours, la suite d'un roman à partir de l'un des huit textes écrits la veille par les écrivains participants. Je recevais chaque matin par modem (bien avant le développement de l'Internet) les textes de tous les écrivains. J'envoyais, toujours par modem, le texte retenu à l'artiste du Nouveau-Brunswick, Herménégilde Chiasson, que je connaissais depuis qu'il avait été mon étudiant à Paris à la Sorbonne. Celui-ci me renvoyait son illustration par modem et j'apportais le tout au journal *Le Devoir*, qui le publiait le lendemain en première page.

En 1985, huit écrivains entreprennent l'écriture d'un roman intercontinental qui sera conçu grâce à une technologie des plus avancées. Ce jeu littéraire sera produit sur trois continents de la francophonie.

MARCO POLO, OU LE NOUVEAU LIVRE DES MERVEILLES.
Tiré de *Le Devoir*, Montréal, 15 juillet 1985.
Source : Hervé Fischer, Cité des arts et des nouvelles technologies de Montréal.
Photo : Jacques Lessard

MARCO POLO, ou le nouveau livre des merveille[illegible]

Voyageurs, à vos marques !

Huit écrivains, ce matin, sont à la case départ d'une aventure exceptionnelle. Devant leurs écrans cathodiques, Bertrand Visage à Rome, Florence Delay à Paris, Louis Caron à Nicolet, Abdelaziz Kacem à Tunis, Jacques Lacarrière à Villeneuve-lez-Avignon, Jacques Savoie à Moncton, Sony Labou Tansi à Brazzaville, Jean-Marie Adiaffi à Abidjan, entreprennent un feuilleton à huit voix (et mille possibilités) sous le titre de *Marco Polo, ou le nouveau livre des merveilles*.

Les lecteurs du DEVOIR, comme ceux de *Libération*, pourront suivre au jour le jour jusqu'au 27 juillet les péripéties de ce roman intercontinental conçu avec les moyens technologiques les plus avançés.

Les huit auteurs ont d'abord créé chacun un personnage que nous vous présentons aujourd'hui, alors que chacun entreprend un premier chapitre. À chaque jour chaque écrivain recevra la « ponte » des sept autres et devra choisir de poursuivre l'une ou l'autre des propositions. Des chemins pourront être abandonnés (le hasard peut faire que deux ou trois auteurs choisissent le même texte), d'autres approfondis. À chaque matin, les marathoniens du feuilleton recevront un message, d'Italo Calvino ou Umberto Eco, dans lequel ils trouveront une difficulté à surmonter ou un élément dont ils devront tenir compte.

Jeu littéraire sur trois continents de la francophonie, ce feuilleton écrit de Brazzaville à Nicolet comporte une seule contrainte annonçée d'avance, celle de faire converger les personnages vers Paris le 21 juillet. Sursaut de colonialisme, chauvinisme des concepteurs du jeu, on verra comment les auteurs s'accomoderont de cet ordre lançé par les Hexagonaux.

Le DEVOIR choisira à chaque jour « son » chapitre, et Libération le sien parmi les textes reçus. Il sera intéressant de comparer les textes publiés ici et ceux publiés par nos confrères à Paris. À Avignon, Michael Lonsdale improvisera une mise en scène en direct des épisodes qu'il retiendra. À Paris, Antenne 2 diffusera après le journal télévisé une bande dessinée vidéo créée le jour même et retraçant l'évolution de l'ensemble de ce feuilleton à seize mains.

Herménégilde Chiasson, à Moncton, créera à chaque jour des images électroniques (comme celle d'aujourd'hui) qui serviront à illustrer l'aventure. Les Éditions Solin à Paris et Boréal-Express à Montréal publieront l'ensemble des textes dans un bouquin qui sera disponible au début août en librairies.

Rappelons que ce projet est né au Centre international de recherche, de création et d'animation (CIRCA) à Villeneuve-lez-Avignon en France. Bernard Tourmois en est l'instigateur. Il dit :« Marco Polo c'est l'image même du voyage, des espaces de la terre parcourue et de la communication à travers le monde. C'est aussi le point fixe, l'immobilité puisque c'est de sa prison de Gênes (au XIVème siècle) qu'il a marqué les traces de ses aventures ».

Bonne lecture d'été ! Et rappelez-vous que cette aventure littérair[illegible] dédiée à l'écrivain George Pére[illegible] [illegible]cédé en 1982, l'auteur de *La [illegible] mode d'emploi*.

Robert Léve[illegible]

Voir page 8: Marco Polo: Huit personnages en quête d'auteu[illegible]

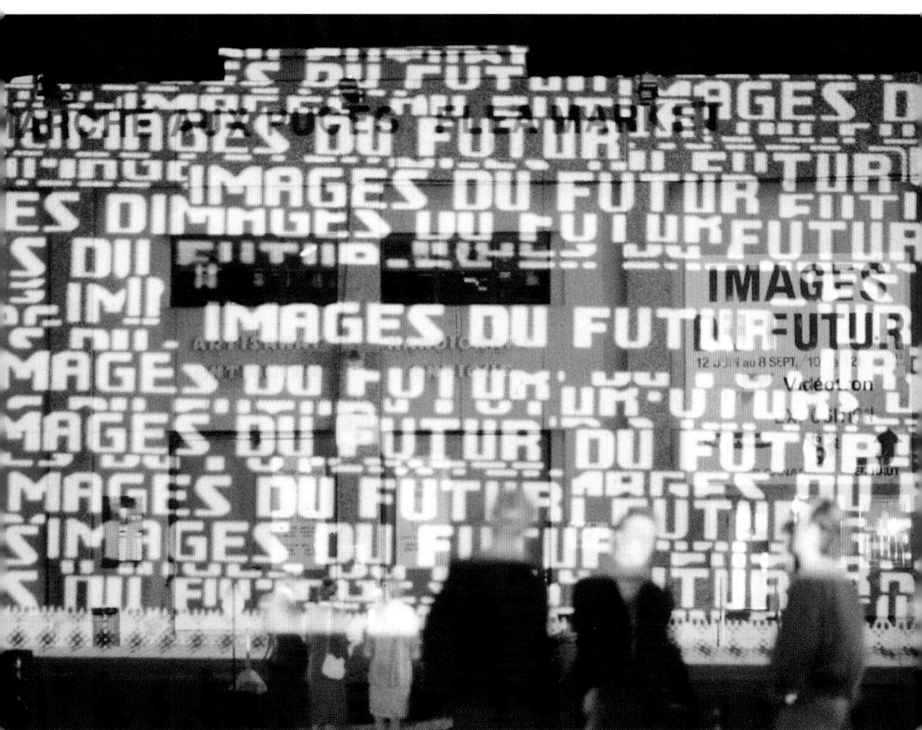

L'exposition Images du futur *intitulée* L'aventure virtuelle *était présentée dans les pièces voisines de celles qui abritent le Café électronique. Elle comportait une initiation à l'autoroute électronique.*

PROJECTION POUR L'INAUGURATION D'IMAGES DU FUTUR, *1986.*

Source : Hervé Fischer, *Images du futur*, Cité des arts et des nouvelles technologies de Montréal

L'année suivante, en 1986, en créant avec Ginette Major la Cité des arts et des nouvelles technologies de Montréal, nous inaugurions la 1re exposition internationale *Images du futur*, dans le hall vide de l'ancienne gare maritime du Vieux-Port de Montréal, quelque 3 000 m² consacrés aux nouvelles technologies de l'image par ordinateur — art, imagerie scientifique, publicité — et dont le pays invité d'honneur fut la France. Le succès remporté, avec ses quelque 60 000 visiteurs, nous encouragea à continuer. Les années suivantes, tout en faisant place au Japon, aux États-Unis, à l'Allemagne, etc., nous avons maintenu une forte présence d'artistes français, avec l'appui financier du Consulat général de France au Québec. Et, en 1989, nous avons consacré *Images du futur* au thème du bicentenaire de la Révolution française. Nous voulions par ce thème démontrer que les nouvelles technologies ne sont plus asservies à l'industrie et que les artistes qui les emploient peuvent traiter des thèmes critiques. Il est vrai que nous subissions encore à l'époque les reproches acerbes des critiques d'art, intellectuels et artistes traditionnels qui nous accusaient de présenter de la « gadgeterie » et des amusements superficiels et démagogiques pour des foules incultes... Et il est vrai encore que la grande affluence des visiteurs (jusqu'à 160 000 en 1988) nous donnait tort vis-à-vis des milieux élitistes.

En 1989, Hervé Fischer et Ginette Major consacrent Images du futur *au thème du Bicentenaire de la Révolution française. Ils voulaient démontrer par ce thème que les nouvelles technologies ne sont plus asservies à l'industrie et que les artistes qui les emploient peuvent traiter de thèmes critiques. Une forte présence d'artistes français a été maintenue grâce à l'appui financier du Consulat général de France au Québec.*

Gérard Boisard. Les portes de la Bastille, *1989.*

Structures luminescentes de fils de fer sous lumière noire.

Source : Hervé Fischer, *Bicentenaire de la Révolution,* Cité des arts et des nouvelles technologies de Montréal

Le tunnel virtuel sous l'Atlantique : un projet artistique

Pierre Friloux (France), Vénus hybride, *1989.*
Sculpture vidéo.
Source : Hervé Fischer, *Images du futur*, Cité des arts et des nouvelles technologies de Montréal

Au fil des années, la Cité des arts et des nouvelles technologies a présenté, au Québec, plus de 50 artistes français travaillant avec les nouvelles technologies : Catherine Ikam, Michel Bret, Michel Gaumenitz, Dominique Sarraute, Alexandre Vitkine, Miguel Chevalier, Kiki Picasso, Gérard Boisard, Philippe Fertray, Raymond Gosselin, Jean-François Prigent, Erik Samakh, Nicole Stenger, Pierre Friloux, Dominique Pochat, Jean Dupuy, Alain Fleischer, Michel Jaffrenou, Eve Ramboz, Bernard Demiaux, Victor Grillo, Jean-Paul Longavesne, François Castello, Hadi Kalafate, Edmont Couchot, Marie-Hélène Tramus, Bériou, Louis Bec, Roger Tallon, Emmanuel Carlier, Pierrick Sorin, etc.

Un des moments forts de ces échanges franco-québécois fut en 1995 : le creusement d'un tunnel sous l'Atlantique par l'artiste français Maurice Benayoun, un tunnel virtuel en images 3D qui reliait le Musée d'art contemporain de Montréal au centre Georges-Pompidou, et que l'on « creusait » à partir des deux extrémités avec les dents de la souris de l'ordinateur, en faisant apparaître sur les parois du tunnel virtuel des images significatives des liens historiques entre les deux pays. C'était une très belle installation, très représentative du lien entre le Québec et la France, faisant écho au « pont » que je m'efforçais de bâtir année après année !

Extérieur du tunnel. Le tunnel sous l'Atlantique, *1995.*
Événement de télévirtualité par Maurice Benayoun.
© Z.A. Production/Maurice Benayoun

Inversement, nous avons présenté beaucoup d'artistes québécois en France. La première occasion qui s'est présentée fut la *Biennale des arts électroniques de Rennes*, en 1988, à l'initiative de Bernard Mounier, et où le Canada fut choisi pays invité d'honneur. Nous avons coordonné cette participation, avec les artistes québécois de *L'écran humain*, dont Paul Saint-Jean et Renée Bourassa, Philippe Ménard, Jacques Charbonneau, Pierre Fournier, Joseph Lefèvre, Philippe Boissonnet, Marie-Andrée Cossette, Georges Dyens. Puis, dans le cadre du *FAUST* (Forum des arts de l'univers scientifique et technique) à Toulouse, nous avons présenté les œuvres des Québécois Georges Mùhleck, Gervais Deschènes, Yves et Alain Martel, Pierre Saint-Hilaire, le Groupe Nexus. Nous avons présenté ces artistes aussi à Angoulême, à l'occasion du *Festival de la BD*. À Reims, au Centre national des arts technologiques, nous avons réinstallé le *Big Bang 2* de Georges Dyens produit pour *Images du futur*.

Cette année encore, à l'occasion de l'exposition d'art et de nouvelles technologies *Cyber Weimar* qui se tiendra en Allemagne en 1999, nous avons pu, avec l'appui des Offices franco-québécois et franco-allemand pour la jeunesse, faire travailler ensemble les artistes québécois, Nicolas Renaud et Jean-Sébastien Denis, et français, Denis Clarac et Eddy Godeberge, de l'École d'art d'Aix-en-Provence.

Intérieur du tunnel. Le tunnel sous l'Atlantique, *1995.*
Événement de télévirtualité par Maurice Benayoun.

PAUL SAINT-JEAN ET CATHERINE GAY (QUÉBEC).
CYBER FACIAL, *1995.*
Source : Hervé Fischer, *Images du futur*, Cité des arts et des nouvelles technologies de Montréal

Georges Dyens. Big Bang II, *1987.*
Installation holographique.
Source : Hervé Fischer, *Images du futur*, Cité des arts et des nouvelles technologies de Montréal

Première partie, Chapitre 2 : Marie-Pierre Bousquet

1. Entre 1965 et 1975, le nombre de touristes français au Québec est passé de 27 000 à 72 000. Entre 1975 et 1985, ce nombre passe de 72 000 à 107 000. Entre 1985 et 1996, il passe de 107 000 à 460 000. 85 % se rendent au Québec (statistiques de Tourisme Canada en 1996).
2. François Dallaire, *Mon Sauvage au Canada*, Paris, L'Harmattan, 1995.
3. Hughette Joris-Zavala, « L'Allégorie de l'Amérique », *in Mémoire d'une Amérique*, Musée du Nouveau Monde, La Rochelle, 1980.
4. Sylvie Péharpré, « Lettres indiennes », *in Sur le sentier de la découverte : rencontres franco-indiennes du XVI*[e] *au XX*[e] *siècle*, Musée national de la coopération franco-américaine, Aisne, 1992a.
5. *Idem.*
6. Véronique Wiesinger, « Les "Sauvages" à Paris au XIXe siècle », *in Sur le sentier de la découverte, op. cit.*, 1992.
7. Huguette Joris-Zavala, *loc. cit.*
8. Christian Feest, « Europe's Indians », *in The Invented Indian*, James Clifton (dir.), New Brunswick (É.-U.) et Londres, Transaction Publishers, 1994.
9. Voir, par exemple, *Paroles indiennes, textes indiens d'Amérique du Nord*, de Michel Piquemal, 1993, Paris, Albin Michel ; ou encore, *Paroles du chef Seattle, « Nous sommes peut-être frères »*, publié chez Utovie en 1990.
10. Véronique Wiesinger, *Ibid.*
11. Théodora Kroeber, *Ishi, testament du dernier Indien sauvage de l'Amérique du Nord*, Paris, Plon, coll. Terres Humaines, 1968.
12. Christel Mouchard, « Ishi, le dernier homme », *Historama*, 1992, p. 118-123.
13. Véronique Wiesinger, *Ibid.*
14. Benoît Coutancier (dir.), 1992, *« Peaux-Rouges », autour de la collection anthropologique du prince Roland Bonaparte*, Paris, Museum d'Histoire naturelle, L'Albaron, 1992.
15. Sylvie Péharpré, « Les Indiens des salons parisiens », *in Sur le sentier de la découverte, op. cit.*, 1992b.
16. Alix De Montal et Bruno Poniatowski, *White Bird, Indien par le sang, Américain par la loi. L'itinéraire d'un jeune Sioux d'aujourd'hui*, Paris, Balland, 1989.
17. John A. Dickinson, « C'est l'eau-de-vie qui a commis ce meurtre. Alcool et criminalité amérindienne à Montréal sous le Régime français », *Études Canadiennes*, n° 35, 1993.
18. L'alcool permettait aux Indiens de l'époque d'exprimer leur ressentiment envers les colonisateurs, mais aussi d'obtenir des visions.
19. Friedrich Abel, « Au revoir les Indiens », *Géo*, 142-155, août 1989.
20. Christina Feest, *Ibid.*, traduction libre.
21. Colin F. Taylor, « The Indian hobbyist movement in Europe », *in Handbook of North American Indians*, Wilcomb E. Wahburn (dir.), vol. 4 : *History of Indian-White relations*, Washington, Smithsonian Institute, 1988.
22. *Terres du Canada*, Dossier « Voyages », *Le Monde*, jeudi 15 juin 1995.
23. *Le Québec autochtone*, Wendake (Québec), Éditions La Griffe de l'Aigle, 1996.
24. Bernard Couet, « Le tourisme français au Canada, un marché en forte croissance », *Action Canada-France*, p. 18-21, 1997 (2e trimestre).
25. Louise Gendron, « Les Français débarquent », *L'Actualité*, 15 octobre 1994.

Deuxième partie, Chapitre 1 : Stélio Farandjis

1. Le mot naît en 1880 mais ne connaîtra une réelle diffusion qu'après 1960.
2. Aux Éditions Édicef.
3. Aux Éditions Presses-Pocket.
4. Aux Éditions Belin.
5. Chez Robert Laffont en 1998.
6. Chez Fayard en 1997.

Chapitre 2: Robert Vézina

1. L'auteur tient à souligner avec gratitude l'apport du linguiste Claude Poirier dans l'élaboration de ce texte; sa pensée et les résultats de ses travaux transparaissent dans plusieurs paragraphes. Ses remerciements visent aussi Marie-France Caron-Leclerc et Marise Ouellet.
2. Près de six millions de personnes ont le français comme langue maternelle au Québec.
3. Désormais, les habitants du Québec se désignent surtout du nom de *Québécois* plutôt que de *Canadiens* ou de *Canadiens français* (appellations traditionnelles). *Français canadien* est de nos jours réservé pour désigner l'ensemble des variétés de français parlées sur le territoire canadien, c'est-à-dire le français québécois, le français acadien (dont l'histoire et les caractéristiques sont passablement différentes) et les variétés qui en sont issues.
4. L'essentiel des renseignements contenus dans ce paragraphe provient de: Hubert Charbonneau et André Guillemette (1994), «Provinces et habitats d'origine des pionniers de la vallée laurentienne», dans *Langue, espace, société: les variétés du français en Amérique du Nord*, Claude Poirier *et al.*, Sainte-Foy, Les Presses de l'Université Laval, p. 158-181.
5. *Force et faiblesse*, 1889, p. 14.
6. Voir à ce sujet: Claude Poirier (1980), «Le lexique québécois: son évolution, ses composantes», dans *Culture populaire et littératures au Québec*, René Bouchard (dir.), coll. «Stanford French and Italian Studies», n° 19, Anma Libri, Saratoga, p. 66-67.
7. Jules-Paul Tardivel publiait, en 1880, *L'anglicisme, voilà l'ennemi.*

Troisième partie,
Chapitre 1: Laurier Lacroix

1. Parmi les Français, signalons le sculpteur Philippe Liébert, les peintres Louis-Chrétien de Heer, Louis Dulongpré, Louis-Hubert Triaud et, parmi les Canadiens: le sculpteur-peintre François Baillairgé, le peintre François Beaucourt et l'orfèvre Laurent Amiot. Ils seront suivis au XIXe siècle d'Antoine Plamondon, Théophile Hamel et Napoléon Bourassa.
2. L'inventaire publié par Janet M. Brooke (1989) montre comment les artistes français contemporains étaient bien représentés dans les collections montréalaises: Bail, Bonheur, Bonvin, Boudin, Breton, Cabanel, Carrière, Cazin, Cézanne, Benjamin-Constant, Corot, Courbet, Couture, Daubigny, Daumier, Decamps, Degas, Dupré, Harpignies, Henner, Isabey, Jacque, Lhermitte, Manet, Millet, Monet, Monticelli, Pissarro, Ribot, Tissot, Toulouse-Lautrec, Troyon.

   Une exposition d'art français s'est tenue à l'Art Association of Montreal en 1906 et une autre grande manifestation d'art contemporain français (500 œuvres) fut présentée au même endroit en 1909. Celle-ci mettait en vedette, entre autres, des œuvres de Monet, Renoir, Rodin et Lalique.
3. «Il faut comprendre ceci: à tout progrès littéraire, artistique, intellectuel, au Canada, correspond un épanouissement du sentiment français.

   «Entre les artistes et la France, en effet, les liens se resserrent autant, sinon davantage. Le sculpteur Hébert vient à Paris chaque année. Le peintre Suzor-Coté, qui expose en ce moment au Salon des Artistes français une vaste toile où il a lyriquement représenté le débarquement de Jacques Cartier, a été élève de Bonnat, de Jules Lefebvre, de Tony Robert-Fleury et de Cormon. C'est dans un modeste atelier de l'impasse Ronsin que le jeune sculpteur Laliberté a modelé ces petits sauvages tirant de l'arc, qui lui valurent une mention honorable au même Salon et qui orneront bientôt une salle du Parlement d'Ottawa.

«Mais les artistes canadiens-anglais eux-mêmes n'échappent pas à notre influence. Le paysagiste Morrice habite Paris. Brymner, dont j'ai vu à Montréal un si curieux portrait de chef indien, d'une facture vigoureuse et dure, un peu analogue à celle d'Émile Bernard, ainsi que des paysages simples, bellement lumineux de l'île d'Orléans et de Sainte-Agathe, Brymner a passé plusieurs années en France, dans les environs de Fontainebleau. Son ami Cullen, dont j'ai visité l'atelier et qui pourrait avoir à Paris le succès de Thaulow, a vécu aussi dans l'intimité de notre nature rurale et forestière. [...]» Jean Lionnet, *Chez les Français du Canada*, Paris, Plon, 1908, p. 87-88. Ce témoignage marque bien le sentiment de supériorité qui anime alors les Français à l'égard de la vie culturelle dans leur ancienne colonie.

4. Parmi ces artistes, signalons le photographe Désiré Charnay qui s'arrêta au Québec en 1857 en route vers le Mexique, le graveur Rodolphe Bresdin, le peintre Alfred Boisseau qui fut un animateur important de l'Institut canadien et professeur au Conseil des arts et manufactures, Gaston Roullet qui réalisa un voyage d'études à travers le Canada en 1887, exécutant des œuvres qui furent exposées à Montréal puis en France ; les peintres Marc Antigna et Edmond Dyonnet qui enseigna à Montréal et fut secrétaire de l'Académie royale du Canada de 1910 à 1947.
5. L'examen des sources documentaires portant sur l'influence de la France en Amérique donna lieu à la grande Exposition rétrospective des colonies françaises de l'Amérique du Nord qui se tint à Paris en 1929.

Chapitre 2 : Yannick Resch

1. Cet aspect pouvait être pertinent au moment où la littérature québécoise se constituait en objet autonome et cherchait une reconnaissance sur le plan international. Il a fait d'ailleurs l'objet d'un essai. Voir Jacqueline Gorets : *Le roman québécois en France*, HMH, 1984.
2. Lors du colloque *Identités et mondialisation : le projet québécois* organisé par France-Québec et le groupe d'amitié France-Québec de l'Assemblée nationale. Un extrait est paru dans le n° 110 du magazine *France-Québec*.
3. *Littérature du Québec*, sous la direction de Yannick Gasquy-Resch, Éditions AUPELF / UREF, 1994. Chez Nathan, un petit manuel de synthèse, *Littérature du Québec* par Catherine Pont-Humbert, 1998.
4. Sous la direction de Yannick Gasquy-Resch, L'Harmattan, 1991.
5. Textes réunis par Marie-Lyne Piccione, Éditions de la Maison des sciences de l'Homme d'Aquitaine, 1991.
6. Sous la direction de Claude Duchet et Stéphane Vachon, coédité par XYZ et Paris VIII, 1995.

Chapitre 3 : Philippe Luez

1. Voir Réal Benoît, *La Bolduc*, Ottawa, Les Éditions de l'Homme, 1959, p. 111-112.
2. Brunswick, Klein, Calvet, *Cent ans de chansons françaises*, Paris, Le Seuil, 1981 (2e édition), p. 228.
3. Françoise Delbecq, *Céline Dion. L'ascension d'une étoile*, Paris, Lattès, sept. 1997, 230 p. Michel Dubreuil, *Dis-nous, Céline*, (s.l.), Elikéa, nov. 1997, 153 p. Jean Beaunoyer, *Céline Dion. Une femme au destin exceptionnel*, (biographie non autorisée), Paris-Montréal, Éditions de l'Homme, 1998, 319 p. Georges Hébert Germain, *Céline. La biographie officielle*, Paris, Hors collection, sept. 1998, 621 p.

Deuxième partie, chapitre 2

CORBETT, Noël (dir.) (1990), *Langue et identité : le français et les francophones d'Amérique du Nord*, Québec, Les Presses de l'Université Laval, XXXIII-398 p.

JUNEAU, Marcel (1972), *Contribution à l'histoire de la prononciation française au Québec. Étude des graphies des documents d'archives*, Québec, Les Presses de l'Université Laval, XVIII-311 p.

MOUGEON, Raymond et Édouard BENIAK (dir.) (1994), *Les origines du français québécois*, Sainte-Foy, Les Presses de l'Université Laval, X-332 p.

POIRIER, Claude (dir.) et l'équipe du TLFQ (1998), *Dictionnaire historique du français québécois*, Sainte-Foy, Les Presses de l'Université Laval, 640 p.

–, (1995), « Le français au Québec », dans *Histoire de la langue française, 1914-1945*, Gérald ANTOINE et Robert MARTIN (dir.), Paris, CNRS, p. 761-790.

Troisième partie, chapitre 1

ALLAIRE, Sylvain, *Les artistes canadiens aux Salons de Paris de 1870 à 1914*, mémoire, Université de Montréal, 1985.

BOILY, Hélène, « Intellectualisme et pensée artistique au Québec, 1915-1930 », dans Laurier LACROIX, *Peindre à Montréal, 1915-1930*, Montréal, Québec, Galerie de l'UQAM, Musée du Québec, 1996, p. 108-120.

BROOKE, Janet M., *Le goût de l'art. Les collectionneurs montréalais, 1880-1920*, Montréal, Musée des beaux-arts, 1989.

DÉRY, Louise, *Un archipel de désirs ; les artistes du Québec sur la scène internationale*, Musée du Québec, 1991.

GAGNON, François-Marc, *La conversion par l'image*, Montréal, Bellarmin, 1975.

–, *Premiers peintres de la Nouvelle-France*, 2 tomes, tome I, en coll. avec Nicole Cloutier, coll. Civilisation du Québec, n°s 16 et 17, Québec, ministère des Affaires culturelles, 1976.

KAREL, David, *Dictionnaire des artistes de langue française en Amérique du Nord*, Québec, Musée du Québec, Les Presses de l'Université Laval, 1992.

LACROIX, Laurier, *Le Fonds de tableaux Desjardins, nature et influence*, thèse, Université Laval, 1998.

LAMONDE, Yvan et Esther TRÉPANIER, (dir.), *L'avènement de la modernité culturelle au Québec*, Québec, IQRC, 1986.

LOWREY, Carol, *Visions of Light and Air, Canadian Impressionism, 1885-1920*, New York, Americas Society, 1995.

Musée du Québec, *L'art du Québec au lendemain de la Conquête (1760-1790)*, Québec, 1977.

MARTIN, Denis, *Portraits des héros de la Nouvelle-France*, Montréal, Hurtubise HMH, 1988.

–, *L'estampe importée en Nouvelle-France*, thèse, Université Laval, 1990.

PORTER, John R. et Jean BELISLE, *La sculpture ancienne au Québec*, Montréal, Les Éditions de l'Homme, 1986.

VERMETTE, Luce, « Le décor mural dans les intérieurs montréalais entre 1740 et 1760 », dans *La vie quotidienne au Québec. Histoire, métiers, techniques et traditions. Mélanges à la mémoire de Robert-Lionel Séguin*, René BOUCHARD, (dir.), Sillery, Les Presses de l'Université Laval, 1983, p. 231-245.

Troisième partie, chapitre 3

RIOUX, Lucien, *Gilles Vigneault*, Paris, Seghers, 1969, 192 p.

BÉRIMONT, Luc, *Félix Leclerc*, Paris, Seghers, 1970, 190 p.

BRUNSWICK, Chantal, Jean-Louis CALVET et Jean-Claude KLEIN, *Cent ans de chansons françaises*, Paris, Le Seuil, 1972, 384 p., (2e éd. 1981).

RIOUX, Lucien, *Robert Charlebois*, Paris, Seghers, 1973, 173 p.

MILLIÈRE, Guy, *Québec, chant des possibles*, Paris, Albin Michel / Rock et Folk, 1978, 190 p.

GIROUX, Robert, *Le guide de la chanson québécoise*, Montréal, Tryptique, 1991, 179 p.

RIOUX, Lucien, *Cinquante ans de chanson française*, Paris, L'Archipel, 1992, 443 p.

PLOUGASTEL, Yann (dir.), *La chanson mondiale depuis 1945*, Paris, Larousse, 1996, 874 p.

VERLANT, Gilles (dir.), *Encyclopédie de la chanson française ; des années 40 à nos jours*, Paris, Hors collection, 1997, 266 p.

Table des matières

Encadrés